THÉORIE ET CAS PRATIQUES

SOMMAIRE

3. MICROÉCONOMIE

31. L'offre et la demande

32. Fiscalité

4. COMMERCE ET GLOBALISATION

41. Caractéristiques

42. Économie solidaire

Y. RÉVISION ET CAS PRATIQUES

1. NOTIONS

11. ÉLÉMENTS FONDATEURS

Les consommateurs que nous sommes sont au centre d'un environnement dont les composantes politiques, économiques, socioculturelles (modes de vie), technologiques (innovations), écologiques (respect de l'environnement, développement durable) et légales (lois, directives européennes) sont en constante évolution. Si le cadre évolue, certains éléments sont toutefois constants et définis dans cet ouvrage.

L'entreprise (les banques, l'État ou les ménages seront définis plus loin) est au centre des activités **économique**, qui alloue de manière normalement optimale de ressources, finies par définition, pour satisfaire des besoins, potentiellement infinis. Autour des entreprises, l'**État**, joue un rôle régulateur en édictant des loi et règlements qui permettent un développement, le plus cohérent possible, des activités sociales. Ces activités sociales sont le fruits des **ménages** (en même temps consommateur et capacité de production), ensemble de personnes partageant le même logement et participant à la gestion de son économie. Le schéma suivant résume très simplement le fonctionnement général de l'économie présentée plus haut: la production et la consommation en sont le moteur, les besoins, le carburant.

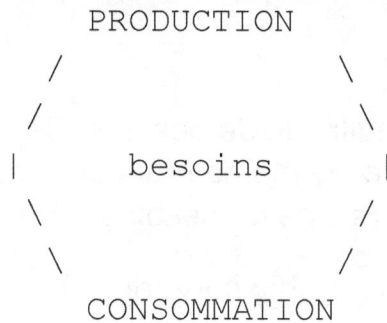

```
                 PRODUCTION
             /               \
           /                   \
         |         besoins       |
           \                   /
             \               /
                CONSOMMATION
```

Ainsi, étudier l'économie, c'est

- Comprendre pourquoi nous devons produire (afin de consommer,) soit satisfaire des besoins, au minimum ceux qui assurent leur survie. Se demander comment s'organise le partage des ressources, parfois rares et non renouvelables.

- Etudier le fonctionnement des entreprises au sein de la société.

- Rechercher des solutions pour pérenniser l'utilisation des ressources naturelles tout en continuant de satisfaire de multiples besoins.

- S'interroger sur les valeurs qui fondent le comportement des consommateurs, des entreprises et de l'Etat.

- Se familiariser avec des modes de raisonnement, des mécanismes, des techniques et un vocabulaire spécifiques afin d'être capable de prendre des décisions en connaissance de cause.

Définition de l'économie et la politique

On entend par **économie** l'ensemble des activités d'un groupe humain (au niveau d'un pays par exemple) qui se rapportent à la production, à la consommation et à l'échange des biens. Le mot **politique** recouvre au moins trois sens, celui de :

- *Politikos* indique le cadre général d'une société organisée et développée

- *Politeia*, qui renvoie à la constitution et concerne donc la structure et le fonctionnement d'une communauté, d'une société ou d'un groupe social. C'est dans cette optique que les sciences politiques s'élargissent à tous les domaines d'une société (économie, droit, sociologie, etc.)

111. BESOINS, BIENS ET SERVICES

BESOINS

Tout être humain ressent une multitude de besoins. Cependant, chaque besoin ne demande pas à être satisfait avec la même urgence. Pour vivre, tout d'abord, il semble nécessaire de satisfaire plusieurs type de besoins.

Les besoins vitaux (primaires ou physiologiques)

Besoins dont la satisfaction est indispensable pour assurer la survie, comme par exemples: boire, manger, se vêtir ou s'abriter.

Les besoins sociaux (secondaires, culturels ou psychologiques)

Cette catégorie de besoin devient nécessaires à un être humain qui vit dans une société donnée. Ils peuvent être jugés indispensables par certains, superflus par d'autres. Contrairement aux besoins vitaux, ces besoins n'exigent pas nécessairement satisfaction, cependant, ils contribuent à notre bien-être. Ce sont par exemples: l'accès à l'eau courante, les vacances, le fait de posséder un téléphone ou une télévision, faire du sport, etc.

Les besoins de luxe

Superflus par définition (exemples : posséder des bijoux, posséder une résidence secondaire, posséder une Rolls-Royce, loger dans un hôtel 5 étoiles, etc.), la notion de besoin de luxe évolue dans le temps. Ainsi, ce qui pouvait constituer un luxe autrefois peut sembler commun aujourd'hui (le téléphone, la voiture, l'eau courante, l'électricité, etc.).

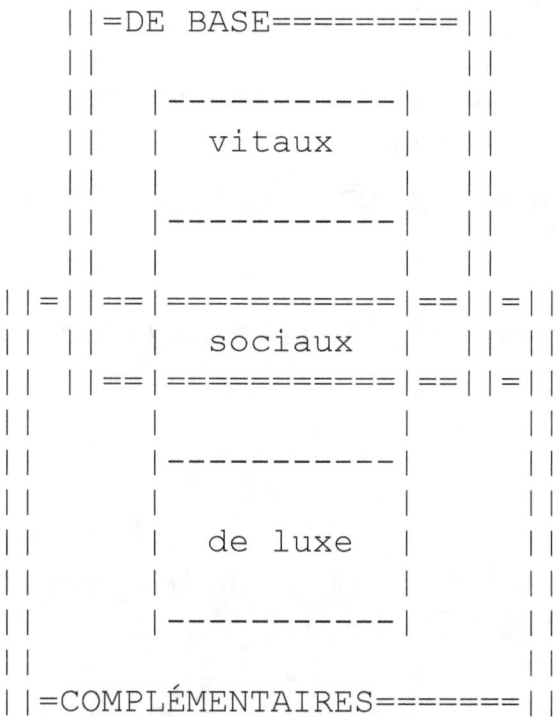

```
      | |=DE BASE=========| |
      | |                 | |
      | |   |----------|   | |
      | |   |  vitaux  |   | |
      | |   |          |   | |
      | |   |----------|   | |
      | |   |          |   | |
| |=| |==|==========|==| |=| |
| |  | |  | sociaux  |  | |  | |
| |  | |==|==========|==| |=| |
      | |   |          |   | |
      | |   |----------|   | |
      | |   |          |   | |
      | |   | de luxe  |   | |
      | |   |          |   | |
      | |   |----------|   | |
      | |                 | |
      | |=COMPLÉMENTAIRES=======| |
```

Manger est un besoin vital, se nourrir également; en revanche, rouler en Mercedes ou porter un Rolex est un besoin de luxe. Entre les deux, des besoins comme se tenir informer, lire les journaux sont considéré comme des besoins de base, alors qu'aller au théâtre ou dans un musée est souvent considéré comme complémentaire.

Pyramide des besoins

Basée sur des théories de la motivation élaborée à partir des observations réalisées dans les années 1940 par le psychologue Abraham **Maslow**, la pyramide Maslow hiérarchise les besoins en cinq niveaux décroisant: i) Accomplissement de soi; ii) Estime (confiance et respect de soi, reconnaissance et appréciation des autres); iii) Apparte-nance et amour (affection des autres); iv) Sécurité (environnement stable et prévisible, sans anxiété ni crise); v) Physiologiques (faim, soif, sexualité, respiration, sommeil, élimination).

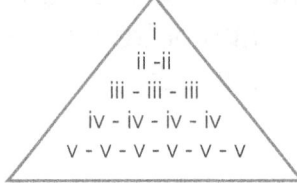

BIENS ET SERVICES

Pour répondre à ses besoins, l'entreprise produira des biens et services qui y ré-pondent. Il existe deux grandes catégories de biens et service, soit ceux liés à la **consommation**, qui satisfait directement à un besoin, comme le pain ou un lecteur de musique et ceux de **production**, utilisé pour produire d'autres biens et services, comme un marteau, de l'engrais, etc.

Ces catégories pouvant à leur tours être divisées entre les biens et services:

- **Complémentaires** (batterie et élément portable)
- **Substituables** qui peut remplacer un autre bien ou service (vélo, voiture privé, taxis, transports publique)

On peut compléter le 1er schéma sur l'économie, en y apportant quelques précisions.

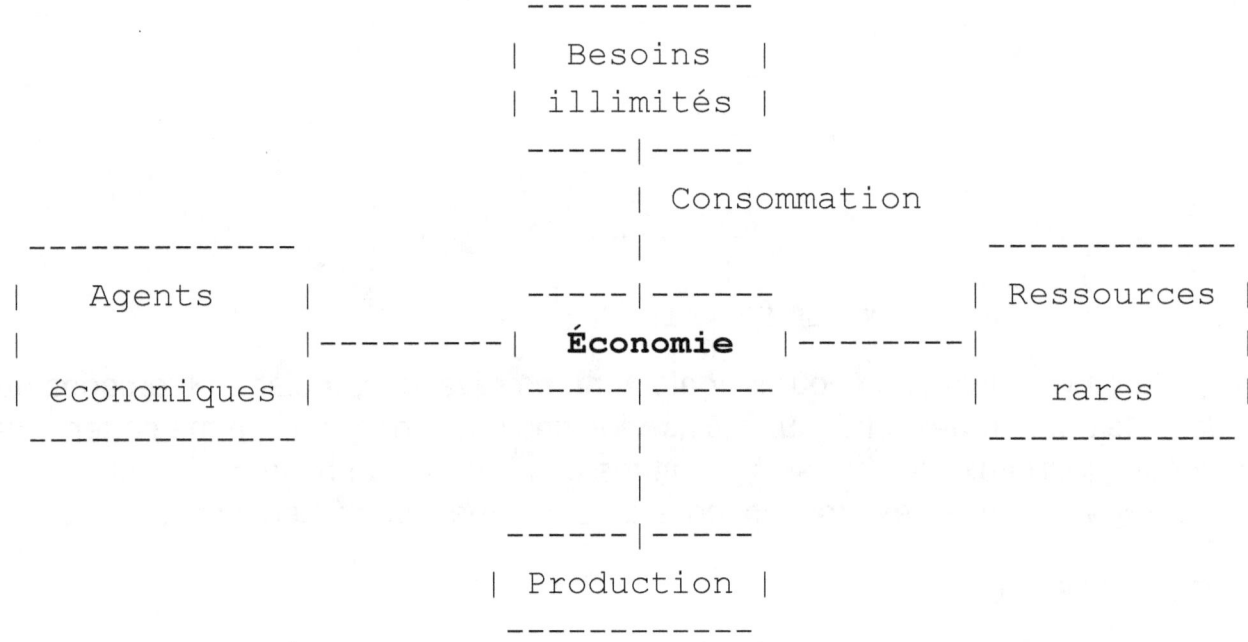

Dans la pratique, on répartira très souvent les biens produits par les entreprises en domaine: agricole, industriel, commercial, service ou en sous-domaine (voir également le chapitre sur la classification des entreprises):

Agricole

1. exploitation agricole
2. agroalimentaire (production)
3. énergie
4. matières premières (extraction)

Industrie et construction

5. bâtiment
6. constructions mécaniques
7. électronique
8. industries chimiques
9. métallurgique
10. textile

Commercial

11. distribution
12. informatique
13. loisirs et tourisme
14. transports

Service

15. assurance
16. bancaire et financier
17. communication et médias
18. formation
19. santé
20. social et services publiques
21. recherche

112. CIRCUIT ET ACTEURS ÉCONOMIQUE

ACTEURS

Les acteurs ou agents économiques sont regroupés en plusieurs catégories. La représentation la plus simple est celle de la relation ménages-entreprise:

```
            rémunération des facteurs de production
      |- salaires -- intérêts -- licence -- loyers -|
      |                                             |
      |                facteurs de production        |
      | |-travail --- capital --- savoir --- sol -| |
      | |                                         | |
      ENTREPRISES/BANQUES                    MENAGES
      | |                                         | |
      | |----------- biens & services-----------| |
      |                                             |
      |----- rémunération des biens & services -----|
```

Ces acteurs ont des rôles multiples. Une **entreprise** tentera de:
- Produire des biens et services qui seront consommés par les ménages
- Créer des places de travail et verser des salaires
- Payer des impôts pour financer l'Etat
- Créer de la valeur ajoutée (et donc s'enrichir)

L'entreprise joue donc une rôle économique (production de biens et services) et social (création d'emplois pour les ménages)

Aux entreprises sont associées les banques dont le rôle essentiel est de recevoir l'épargne des ménages et prêtent cet argent. Les entreprises peuvent donc utiliser cet argent afin d'investir dans de nouveaux facteurs de production et permettre à l'économie de se développer.

Les **ménages** tiennent, eux aussi, des rôles variés :
- Consommateurs de biens et services fournis par les entreprises

- Travailleurs, il gagnent un salaire pour financer leur consommation de biens et services
- Epargnants, ils mettent de l'argent de côté, ce qui permet aux banques de prêter aux entreprises afin qu'elles puissent investir et se développer
- Contribuables, ils paient des impôts

Le rôle de l'**État** consiste à :
- Etablir les lois qui régissent le pays et assurer qu'elles soient respectées
- Assurer le fonctionnement harmonieux de l'économie en intervenant quand il convient de le faire
- Garantir certaines tâches qui ne sont pas rentables, nécessaires au bon fonctionnement de la société. Par exemple, l'éclairage public
- Récolter des impôts afin de pouvoir faire face aux différentes charges

De plus, l'Etat est également employeur et verse donc des salaires

État, que nous pouvons rajouter au schéma précédent avec un nouvel acteur lié aux importations et exportations, appelé "**reste du monde**"; ce schéma devient alors:

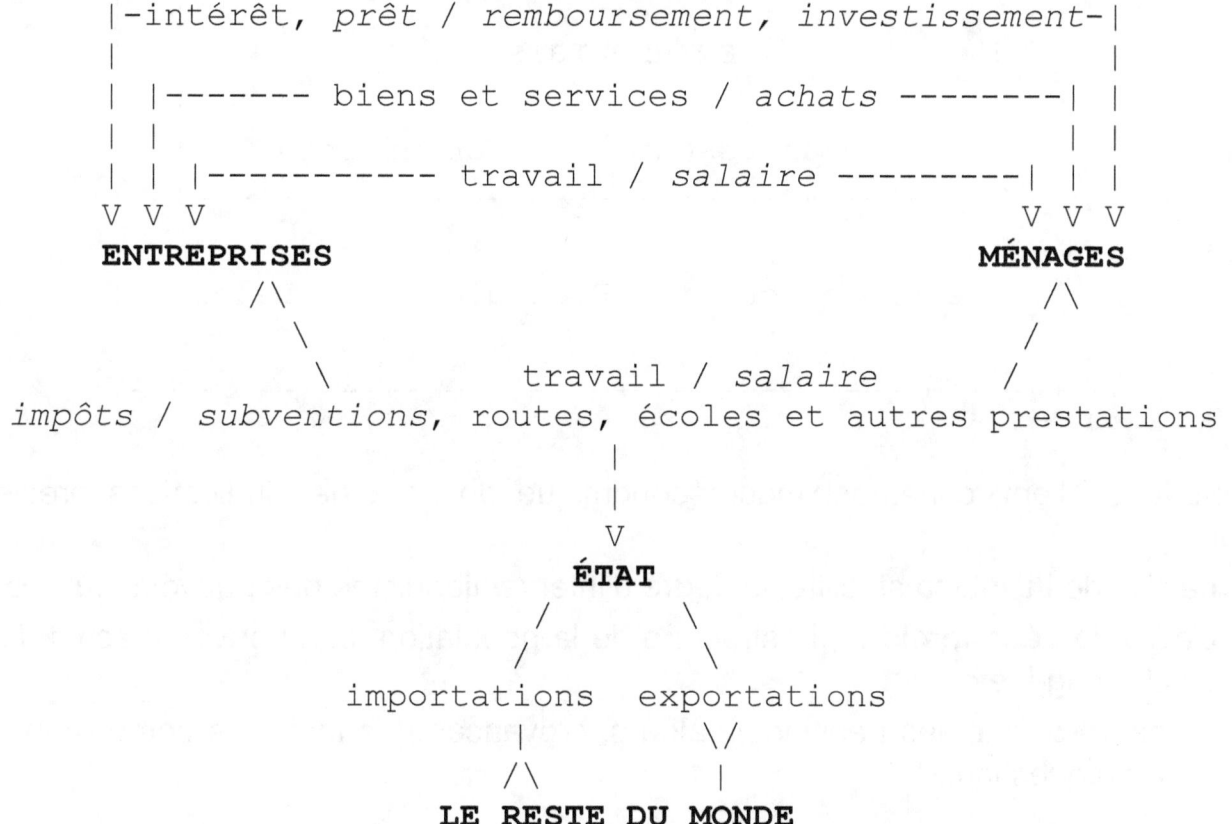

```
    |-intérêt, prêt / remboursement, investissement-|
    |                                               |
    | |------- biens et services / achats --------| |
    | |                                           | |
    | | |---------- travail / salaire ---------| | |
    V V V                                     V V V
   ENTREPRISES                                MÉNAGES
        /\                                      /\
          \                                     /
           \            travail / salaire      /
    impôts / subventions, routes, écoles et autres prestations
                            |
                            |
                            V
                          ÉTAT
                         /     \
                        /       \
                       /         \
              importations    exportations
                    |              \/
                   /\               |
                LE  RESTE  DU  MONDE
```

ENVIRONNEMENT MACRO ET MICROÉCONOMIQUE

Nous y reviendrons plus en détail par la suite, mais tentons, à ce stade, une première définition de la micro et la macroéconomie. En microéconomie, l'on s'intéresse aux comportements des ménages et des l'entreprise, dans leurs décisions, prises individuellement; on considère que toute personne cherche à maximiser son utilité et que cette maximisation se fait avec des moyens limités. En macroéconomie, on modélisera les effets de ces décisions, à l'échelle d'un pays au travers de relations entre des indicateurs agrégés, tels que le revenu moyen, l'investissement, la consommation, le taux de chômage, la croissance, etc.; dimensions sur lesquels une entreprise n'a pas ou que très peut d'influence.

```
|-ENVIRONNEMENT MACROÉCONOMIQUE--------------|
|                                            |
|    État      Économie    Ressources   Culture |
|                                            |
|    |-ENVIRONNEMENT MICROÉCONOMIQUE--------| |
|    |            Ménages                  | |
|    |        Clients        Distribution  | |
|    |                                     | |
|    |            ENTREPRISES              | |
|    |                                     | |
|    |    Investisseurs      Concurrents   | |
|    |-------------------------------------| |
|                                            |
|    Technologique    Écologique    Légal    |
|                                            |
|--------------------------------------------|
```

L'étude de l'environnement macroéconomique donnera des indications précieuses sur[1]:

- Le rôle de l'**État**, sa stabilité, le degré d'interventionnisme des pouvoirs publics, etc.
- L'évolution **économique**, la structure de la population, son pouvoir d'achat, le taux de chômage, etc.
- Le cadre **social**, les traditions, valeurs, croyances des individus composant la société en question.

---

[1] Ces informations seront souvent trouvées par le biais de revues spécialisées ou à l'aide d'Internet, en particulier le "Fact Book" de la Central Intelligence Agency (http://ecol2.com/u/ciafb) ou les statistiques de l'OCDE (http://ecol2.com/u/ocdestat).

- L'évolution des **technologies**, des recherches, des ressources disponibles
- Le cadre **légal** et réglementation, notamment en ce qui concerne la protection de l'environnement, les énergies ou toute dimension susceptible d'impacter la progression des affaires.

Au niveau de l'environnement microéconomique, l'étude se réalisera plutôt sur la base de connaissances internes à l'entreprise. Elle permettra de répondre aux questions suivante:

- Combien de **clients** avons nous? Quel type de ménage pourrions-nous avoir comme clients? Quelles sont les fréquences et lieux d'achat? Quelles sont leurs motivations, leurs freins lors de l'achat ?
- Qui sont mes **concurrents**? Leur part de marché? Leur santé financière? Leur capacité à innover ou à réagir?
- Comment fonctionnent les circuits de **distribution** (fournisseurs et revendeurs)? Quels sont les politiques d'achats de ventes? Fonctionnent de la logistiques?

La compréhension de notre environnement doit permettre à la société de s'organiser, malheureusement avec des moyens et ressources souvent rares.

RESSOURCES

Les ressources de notre planète: matières premières, eau, énergie fossile (qu'on tire de la terre), etc. sont limitées. Leur transformation prend du temps et exige du travail. C'est ce qui rend difficile la satisfaction de nos besoins car, en raison de cette rareté, il est : i) impossible de tous les satisfaire; ii) nécessaire d'utiliser le mieux possible les ressources à notre disposition.

Note : autrefois, l'offre répondait à une certaine demande ; c'est-à-dire qu'on produisait en fonction des besoins exprimés par les gens. De nos jours, l'offre précède la demande. Pour vendre, il s'agit de créer de nouveaux besoins chez le consommateur pour lui faire acheter des produits qui ne lui sont pas forcément nécessaires (ex : trottinette, lecteur DVD pour voiture, agenda électronique etc.). Cette consommation effrénée rend-elle l'homme d'aujourd'hui plus heureux que ne l'étaient les générations précédentes ? On peut se poser la question. En effet, la qualité de la vie ne dépend pas seulement de la richesse, mais aussi d'éléments tels que la justice sociale (égalité de traitement, répartition des revenus), la liberté (de commerce, de conscience), la propreté de l'environnement ou la sécurité dans son emploi ou face aux incertitudes de la vie.

S'intéresser à l'économie politique, c'est découvrir les règles de l'utilisation rationnelle des ressources dont nous disposons. Après avoir vu comment naît un besoin, nous verrons dans le chapitre suivant quelles sont les éléments qui y répondent.

113. FACTEURS DE PRODUCTION

On entend par facteurs de production tous les moyens matériels et immatériels (physiques et non physiques) qui contribuent à la mise à disposition de biens et services. Ces derniers peuvent être disponible en quantité illimitée (comme l'air respiré), et donc **libre** (gratuit), ou obtenu par un travail de transformation des ressources naturelles à l'aide d'un certain savoir, et donc **économique** (payant).

Nous établirons une seconde hypothèse qui fonde l'économie: chaque étape de fabrication et de commercialisation, augmente la valeur des produits (son prix étant l'addition de la valeur ajoutée par chaque intermédiaire). Ce qui est possible grâce à trois ressources:

- **Naturelles**, matière première ou dans le secteur tertiaire, l'information
- **Humaines** (travail, main d'œuvre, matières grise)
- **Financières**, capital nécessaire à l'investissement et au démarrage

À noter que le capital financier (fonds monétaires à disposition de l'entreprise) n'est pas un facteur de production. Il n'est que le moyen d'acquérir ou de rémunérer les facteurs de production.

Cependant, il ne suffit pas de réunir des matières premières, des capitaux et de la main d'œuvre pour que se développe une activité économique. Encore faut-il qu'un entrepreneur et son équipe prennent l'initiative, le risque et la responsabilité de créer pour qu'une production apparaisse. Il faut donc y ajouter la volonté d'entreprendre et la capacité de créer, d'innover. C'est pourquoi certains économistes parlent d'un quatrième facteur de production : **la créativité ou l'esprit d'entreprise.**

LE CAPITAL HUMAIN

Le travail représente l'activité de toutes les personnes qui participent au processus de production d'un bien / produit ou service. Le travail peut être présenté de différentes manières; il est …

Manuel ou intellectuel

Exemples : horticulteur, maçon – chercheur dans un laboratoire, analyste programmeur (informaticien), etc.

Directement ou indirectement productif

Exemples : agriculteur, mécanicien de précision– secrétaire, comptable, etc.

Qualifié ou non qualifié

Exemples : avocat, expert-comptable – manœuvre, livreur, etc.

De direction ou d'exécution

Exemples : chef d'entreprise, directeur - cambiste, assistant(e) d'un gérant de fortune, balayeur, etc.

Division du travail

L'homme a très tôt cessé de produire tout ce dont il avait besoin et s'est consacré d'abord à un nombre limité d'activités productives, puis à une seule d'entre elles. Ce phénomène, qui a donné naissance aux métiers, s'appelle la spécialisation des professions. Elle s'est accentuée de plus en plus de sorte qu'il existe de nos jours un très grand nombre de métiers et de professions et donc une multitude de spécialistes. La conséquence immédiate et inévitable de toute spécialisation est l'interdépendance des individus et de l'échange. En effet, chaque spécialiste doit compléter sa propre production par les produits des autres qu'il obtient en échange de l'excédent des siens.

Dans la production moderne, la spécialisation existe même à l'intérieur du même métier, où elle prend le nom de division des tâches : c'est la décomposition d'un processus de production en une série d'opérations dont chacune est exécutée par un ouvrier spécialisé, celui-ci n'ayant souvent plus qu'un geste à accomplir.

Alors que l'horloger du passé fabriquait entièrement une montre, l'horloger d'aujourd'hui n'en fait généralement qu'une petite partie, de sorte que pour produire une seule montre, il faut le concours d'un grand nombre d'ouvriers.

Organisation rationnelle du travail

Organiser rationnellement un travail, c'est l'organiser de façon à obtenir avec des moyens donnés le résultat maximum ou un résultat donné avec le minimum de moyens. C'est à des ingénieurs et des industriels américains, en particulier à Frédéric Taylor et Henry Ford, qu'on doit un nombre de procédés permettant d'atteindre ce but.

En voici quelques exemples :
* Le travail à la chaîne qui assure la continuité dans le travail et évite ainsi toute perte de temps ;
* Le chronométrage qui détermine la durée de toute opération et permet de fixer des temps standard auxquels doivent se conformer les ouvriers ;
* L'adaptation de chaque outil et de chaque opération aux capacités de l'ouvrier ;
* La standardisation des produits qui consiste à limiter le nombre de modèles d'un objet mais à produire en grande quantité chaque modèle.

A notre époque, l'automatisation et l'électronique ont ouvert des voies nouvelles à l'organisation de la production industrielle. Les opérations de production nécessitent de plus en plus une main d'œuvre qualifiée (techniques sophistiquées, informatique, etc.).

Avantages/inconvénients de la division et de l'organisation rationnelle du travail

Avantage

L'avantage principal est l'accroissement considérable de la productivité. Cela tient à plusieurs causes : l'ouvrier spécialisé connaît à fond sa partie; il acquiert une très grande habileté et rapidité; il y a moins ou pas de perte de temps. Il en résulte une production plus grande, moins chère et souvent de meilleure qualité.

Inconvénients

L'ouvrier qui accomplit son geste ne trouve bien souvent pas une grande satisfaction dans son travail; il est victime d'un abrutissement progressif. La division du travail exige de moins en moins d'ouvriers ayant une formation professionnelle complète, beaucoup de tâches peuvent être accomplies par des manœuvres ou par du personnel semi qualifié.

LE CAPITAL TECHNIQUE

Le capital technique représente l'ensemble des biens de production produits par l'homme. On distingue le capital technique fixe (ou immobilisé) du capital technique circulant.

- **Capital technique fixe** : est utilisable durant plusieurs cycles de production (machines, véhicules, immeubles, biens d'équipement, etc.). Il est détruit progressivement par l'usure et l'obsolescence (vieillissement technologique), ce qui justifie son amortissement.

- **Capital technique circulant** : n'est utilisable que durant un seul cycle de production. Cela signifie que le capital technique circulant est soit transformé (matières premières), soit consommé (énergie).

Tout capital technique est le résultat d'une production. Cette production se fait au détriment de la production des biens de consommation, mais permettra par la suite d'accroître notablement la production de biens de consommation. Exemple : la production de machine à coudre, plutôt que la production manuelle d'habits permettra par la suite d'accroître considérablement la production future d'habits.

LES RESSOURCES NATURELLES

<u>De quoi sont constituées les ressources naturelles?</u>

Les ressources naturelles sont constituées par les richesses naturelles telles que le sol, l'air, l'eau, les minerais de métaux, le charbon, le pétrole, le gaz naturel, etc. Elles ne sont pas issues d'une activité productrice antérieure. Dans la littérature économique, ce facteur de production est souvent désigné par "la terre".

On distingue les ressources naturelles du facteur de production "capital technique" (biens de production produits par l'homme). Exemples :

- La terre, ressource naturelle, produira des fèves de cacao (matière première – capital circulant) grâce à l'activité productrice de l'homme

- L'eau, ressource naturelle, produira de l'énergie électrique (énergie – capital circulant), grâce à une centrale hydraulique construite par l'homme

Elles possèdent deux caractéristiques bien particulière; elles sont en effet les seules:

1. Qui ne soit pas créé par le travail de l'homme et qui ne puisse, par conséquent, pas être reproduit

2. Physiquement immobile.

La valeur de la terre (son prix) découle ainsi de ces deux caractéristiques et de sa disponibilité.

Impact des ressources naturelles sur l'économie

Dans une économie, il est intéressant de noter que certaines industries utilisent beaucoup de capital et peu de main d'œuvre (travail), alors que d'autres utilisent relativement peu de capital et beaucoup de main d'œuvre (travail). L'important étant de combiner les facteurs de production de manière rationnelle par rapport aux ressources; par exemple, pour la fabrication de vêtements, on peut utiliser des machines très sophistiquées (et chères) et peu de main d'œuvre, ou au contraire relativement peu de machines et beaucoup de main d'œuvre (relativement bon marché). Ainsi, la fabrication d'une paire de chaussures dans un pays européen est essentiellement réalisée à l'aide de machines (capital technique) alors qu'une paire de chaussures fabriquée dans un pays africain est essentiellement réalisée par un être humain (travail). La fabrication d'une montre de type Swatch est essentiellement réalisée à l'aide de machines (capital technique) alors qu'une montre de type Rolex fait beaucoup plus appel au facteur de production travail.

12. COURANTS DE PENSÉES

---

121. L'ANTIQUITÉ ET LE MOYEN-AGE

La civilisation grecque fournit grâce à Platon et Aristote (Ve et IVe siècles av. J-C) des amorces de théories économiques. Cependant, le but de ces écrits est plus d'apporter une ligne de conduite morale ou politique que de développement économique, qui n'est pas un sujet d'étude. Les romains n'ont rien apporté de significatif dans le domaine du développement de la pensée économique. En effet, les romains méprisent le travail, attitude suffisante pour empêcher la naissance et le développement de l'économie. Rome préconise une vie simple et combat toute forme exagérée de richesse. Dans la pensée latine, il est immoral de vouloir s'enrichir. Les romains s'intéressaient plus à la science du droit. Ainsi Cicéron (106-43 av J.-C.), homme d'état et philosophe, disait: "rien de noble ne pourra jamais sortir d'une boutique ou d'un atelier".

Le Moyen Age (dès le Ve siècle après J.-C.), qui s'étend sur un millier d'année environ, est souvent décrit comme une période de notre histoire peu reluisante. Sous ses airs d'immobilisme et d'obscurantisme c'est pourtant un temps où les hommes ont su créer ce qui assurera les progrès futurs de l'humanité: mise en valeur des champs, culture, défrichements, création des écoles et universités. Les grandes cathédrales qui datent de cette époque témoignent d'un savoir faire certain.

EFFET DES RELIGIONS

L'économie n'est cependant pas une préoccupation dominante de ces périodes où la société est principalement tournée vers la religion et la foi. La religion chrétienne réhabilitera quelque peu le travail ("tu gagneras ton pain à la sueur de ton front"), mais le travail restera une sorte de sanction nécessaire, voulue par Dieu, et ce, jusqu'à la Réforme (XVe siècle après J.-C.).

La religion a donc souvent été un obstacle important au développement économique. En voici quelques illustrations :

• Le commerce à but lucratif et le prêt à intérêts aux chrétiens étaient rigoureusement interdits. A cette époque on pense que le temps appartient à Dieu. L'intérêt marque l'écoulement du temps et le facturer est considéré comme un péché mortel. Cette activité est autorisée aux personnes de confession juive qui n'avaient pas le droit de posséder des terres et de les exploiter. Ils furent ainsi l'élément moteur du développement économique au Moyen Age.

• Par son influence sur les populations (l'église catholique s'oppose toujours à l'utilisation de moyens de contraception), l'église peut provoquer ou entretenir des situations empêchant le démarrage économique. (Surpopulation, famine, misère, épargne impossible).

L'essor de l'économie ne pouvait ainsi devenir possible que par un changement brutal de la doctrine.

LA RÉFORME

Calvin (1509 - 1564) en lançant la Réforme va provoquer le bouleversement cité ci-dessus, l'échelle des valeurs alors en vigueur, va considérablement et durablement être modifiée. Pour Calvin, l'autorité de la Bible est totale en matière de loi et de règles de vie. A Genève, où il s'installe, il met en place un code juridique, réorganise l'Eglise et instaure un régime austère. En matière économique, Calvin dénonce l'immobilisme du Moyen Age et soutient l'émergence de six outils de développement: le capital, le crédit, l'intérêt, les banques, le commerce, la création de profit, valeurs jusqu'ici mal vues par l'église.

Calvin permet d'entourer ce développement d'un certains nombre de critères éthiques qui ont pour objectif d'éviter des taux usuriers et d'interdire aux prêteurs de profiter de la détresse des pauvres gens tentés par l'emprunt pour sortir de la misère. Le travail n'est plus vu comme une condamnation divine mais devient un but. Les commerçants et les industriels deviennent dans la société des gens honorables et respectés.

Par son code de vie très stricte Calvin apporta aux capitalisme naissant une morale. Il interdit les bijoux, les souliers pointus, etc. Il est un adepte de l'interventionnisme de l'Etat et fixe les prix de la plupart des produits. Il s'élève contre les dépenses des riches et prône la simplicité. Il est ainsi un des premiers à prescrire un habillement identique pour tous. Calvin a permis de comprendre que l'épargne, qui résulte d'une vie simple peut être un moteur du développement économique.

122. LES PREMIERS PAS DE LA SCIENCE ÉCONOMIQUE

LE MERCANTILISME

Ailleurs en Europe, le renforcement des puissances politiques et militaires liés à la Renaissance est source de développement rapide du commerce. Cette période (1450-1750) qu'on appelle le "mercantilisme" est caractérisée par une sorte de flou, durant lequel dominent de multiples théories et doctrines, qui souvent se contredisent. Trois pays sont principalement concernés : la France, l'Angleterre et l'Espagne.

Le mercantilisme est une doctrine économique fondée sur la prospérité nationale et sur l'accumulation des réserves monétaires métalliques. Ce courant économique, selon lequel la richesse des nations est constituée par les métaux précieux qu'elle possède, peut être considéré comme simpliste. Toutefois, même si cette théorie est fausse, - la richesse d'une nation se mesure en biens et services et non d'après ses réserves en métaux précieux -, c'est la première fois que l'on dissocie morale et économie. Pour les mercantilistes, l'Etat détient le rôle principal dans l'acquisition des métaux précieux (l'or principalement) qui symbolise la richesse.

Le mercantilisme anglais sera commercial. Le développement du commerce maritime, dirigé par l'Etat, assurera à ce pays la maîtrise des mers durant plusieurs siècles. Le mercantilisme français sera plus industriel. A cette époque le pays ne disposant ni d'or ni d'argent et n'ayant encore pas de colonies pouvant les fournir la France se lança dans la production et l'exportation de produits industriels. Sous Louis XIV (1638-1715), les importations furent découragées par la création d'obstacles (taxes) pour faciliter le développement de manufactures indigènes ainsi que les exportations. L'agriculture fût alors délaissée. L'Etat espagnol fonda sa quête de richesse sur le pillage des trésors des civilisations sud américaines. Les importations de produits étrangers sont interdites pour éviter de devoir se séparer de l'or accumulé. L'économie espagnole, pauvre en matières premières, souffrira longtemps des conséquences de cette politique économique.

PENSÉE LIBÉRALE

L'approche interventionniste est évidemment très éloignée de la pensée libérale que se développera dès le milieu du XVIIIe siècle. Les libéraux seront très critiques face à cette mainmise de l'Etat central sur l'économie. On parle alors de "physiocratie". Pour ces adeptes seul le travail de la terre apporte, saisons après saison, un surplus de richesse qui est à la base de la prospérité nationale.

La richesse provient du sol et seul le développement de l'agriculture peut faire progresser l'économie du pays. On préconise un minimum d'intervention étatique et la suppression des règlementations entravant l'agriculture et le commerce.

123. L'ÉPOQUE CLASSIQUE

L'ÈRE INDUSTRIELLE

On assiste vers 1750 à la naissance de l'ère industrielle. La production artisanale s'essouffle et la "fabrique", en tant que nouvelle forme de production s'impose. Le capitalisme pour des raisons économiques, démographiques et sociales prend un essor considérable. La croissance industrielle est sans précédent, le nombre de produits disponible est considérablement multiplié. En revanche les conditions de travail dans les usines sont extrêmement contraignantes et l'homme devient un outil de production comme un autre. Le capitalisme qui en découle reconnaît la propriété individuelle (et non plus étatique) des moyens de production. Il préconise la recherche du plus grand profit possible et le développement de l'esprit de concurrence.

LES GRANDS ÉCONOMISTES DE L'ÉPOQUE CLASSIQUE

La pensée économique dominant cette période est appelée "classique". Parmi les grands économistes de cette période, nous pouvons citer :

Adam Smith (1723-1790)

Philosophe écossais qui fut le fondateur de l'école classique. Il regroupe ses idées dans un ouvrage nommé "Essai sur la nature et les causes de la richesse des nations". Toutes ses démonstrations reposent sur le principe de la liberté qui est selon lui la première condition au progrès. D'après la théorie classique l'Etat doit se concentrer sur les tâches qui lui revienne de fait : l'armée, l'administration et la diplomatie. La richesse de la nation dépend principalement de la richesse des individus. Il faut donc laisser la liberté d'action à ces derniers. Ainsi, la nation s'enrichira. Les penseurs "classiques" affirment la primauté du travail dans l'industrie et nient l'exclusivité que les "physiocrates" accordaient à la terre.

Thomas Robert Malthus (1766-1834)

Pasteur anglais dont les théories sur la croissance sont célèbres. Il a une vue pessimiste du développement économique. Il s'insurge contre toutes les mesures prises par l'Etat qui pourraient avoir comme conséquence un accroissement significatif de la population. En effet, il a constaté que cette dernière a tendance à augmenter plus vite que les ressources alimentaires de son pays. Il fût l'un des témoins des premières périodes de ralentissement économiques, plus tard appelées "crises" et il tenta d'en expliquer les différentes caractéristiques. Il avait compris qu'une action pour modifier le cours des choses était possible et même nécessaire.

David Ricardo (1772-1823)

Né à Londres et plus grand auteur classique dont les écrits ont quasi totalement disparut. Selon Ricardo, chaque nation doit produire les biens pour lesquels elle est la mieux placée, ceux dont le coût de production est le plus faible par rapport à la valeur sur les marchés internationaux.
Exemple : Il est difficile et coûteux de produire du blé en Angleterre, la terre est médiocre. Le pays a donc intérêt à importer du blé et à ce concentrer sur la production industrielle. Cela permettra le formidable développement économique du pays au XIXe siècle.

Charles Léonard Simonde de Sismondi (1773-1842)

Genevois d'origine qui fût le premier à contester certains points de la pensée classique. (1824). Il avança l'idée de l'intervention de l'Etat pour lutter contre la misère ouvrière et contre les crises économiques. Son influence sur la pensée économique fût pourtant limitée, ses contradictions et sa modestie l'empêchèrent d'imaginer une théorie préférable à celle de ses prédécesseurs.

Karl Marx (1818-1883)

Si le développement du capitalisme libéral durant le XIXe siècle fût générateur d'un bien-être matériel nouveau et contribua fortement à l'amélioration progressive du niveau de vie, il n'en a pas moins engendré les pires conditions de vie que notre continent a connues depuis bien longtemps. En 1850, la condition des ouvriers est déplorable: horaires très lourds (de 12 à 14 heures de travail quotidien, 6 à 7 jours par semaine), bas salaire, condition de logement malsaines; les associations et grèves sont interdites.

Marx en fait le constat et parle de l'écrasement de la classe ouvrière (le prolétariat) par les capitalistes. Il explique que la croissance se fait au profit de ces derniers, tout en ignorant les travailleurs. Le capitaliste ne recherche que la maximisation de son profit et cela par une exploitation maximale des forces de production. Marx voit dans cette opposition une lutte à mort qui entraînera la destruction des deux groupes d'intervenant économiques et d'un nouveau système: le communisme.

Le communisme prône une société sans classes, faite d'hommes libres de laquelle les Etats auront été supprimés. Dans cette ère d'abondance, les biens n'auront plus de valeur, la monnaie disparaîtra à son tour. Le travail aura cessé d'être une contrainte et il fera place à des activités de production librement choisies par chacun. La police n'aura plus de raison d'être, en même temps que la criminalité, car l'homme est bon, c'est la bourgeoisie qui le corrompt. Karl Marx est toutefois prudent. Il sait qu'entre la destruction totale du "capitalisme" et l'avènement d'un monde nouveau, il pourra s'écouler un certain temps. Marx s'est finalement peu intéressé à la gestion de l'économie de la société nouvelle qu'il annonçait. Il a concentré ses efforts sur l'analyse de l'exploitation des forces ouvrières par la bourgeoisie. Il n'a pratiquement rien dit de la politique de croissance qui doit être mise en place après la révolution prolétariat. Ainsi, dans les pays de l'est européen les réformes succédaient aux réformes. Le marxisme débouchera sur l'empirisme et finalement sur un certain totalitarisme d'une nouvelle classe dominante: la nomenklatura.

124. LES COURANTS MODERNES

LES NÉO-CLASSIQUES

A la fin du XIXe siècle certains économistes voulurent démontrer le mal fondé des idées marxistes mais également les avantages du libéralisme économique, mais en adoptant une démarche nettement différente, d'où le terme de néo-classiques pour qualifier ces nouveaux auteurs classiques. Cela en s'intéressant principalement au comportement individuel des hommes en tant que producteurs ou consommateurs, alors que les économistes classiques ont analysé la société en tenant compte des grands groupes d'individus qui la composaient.

Les néo-classiques étudient comment le consommateur satisfait au mieux ses besoins par la meilleure distribution de son revenu et par la façon dont les producteurs rentabilisent le plus efficacement possible les facteurs de production. Cette théorie supposait, dans le meilleur des cas, le plein emploi et dans le pire un chômage minimal. Cette théorie de "l'équilibre économique général" qui conduisit les économistes de l'époque à nier la possibilité d'éclatement de toute crise générale de surproduction, ne résista pas à l'épreuve des faits. En effet, 14 crises s'échelonnèrent de 1816 à 1929. Certaines ont provoqués des révolutions et des guerres, cependant seule la crise déclenchée par le krach boursier de Wall Street en 1929 sema le doute dans les esprits quant à la valeur de la thèse classique. La grande dépression des années 30 entraînera le bouleversement des idées acquises. Il apparût alors que certaines idées de ce courant économique étaient clairement irréalistes.

LA THÉORIE KEYNESIENNE

John Maynard Keynes (1883 – 1946) va véritablement dénoncer les lacunes des théories néo-classiques. Pour lui, il est inconcevable de parler de "plein emploi" de façon permanente. Il est en effet impensable de croire que tous les travailleurs pouvaient trouver un emploi à un certain salaire. Ayant vécu la grande crise de l'entre-deux-guerres, il lui était difficile de croire aux mécanismes régulateurs du marché menant plus ou moins rapidement à l'équilibre et au plein emploi. Il va démontrer que l'Etat se doit d'intervenir en période de crise économique. Cette intervention doit avoir comme finalité le soutient et la régularisation de l'activité économique. Il est un des premiers à parler du "pouvoir d'achat" des consommateurs. C'est selon lui par manque de pouvoir d'achat que la machine économique peut se gripper provoquant alors le ralentissement de l'activité commerciale ou économique. C'est en maintenant ce pouvoir d'achat que l'Etat va soutenir le niveau de consommation, de production et d'investissement des entreprises. Pour satisfaire à cette mission l'Etat dispose de multiples moyens :

- Création d'emplois publics qui vont permettre d'augmenter le bien-être social général

- Baisse des taux d'intérêt afin de stimuler les investissements privés, publics et de consommation

- Adaptation d'une politique fiscale propre à ne pas freiner la consommation

Contrairement aux idées reçues, Keynes en prônant l'intervention de l'Etat, ne s'oppose pas au capitalisme, au contraire le capitalisme met en place des politiques économiques permettant de lutter efficacement contre son propre affaiblissement. L'Etat doit être présent dans les moments difficiles afin de soigner l'économie si elle est malade.

LE MONÉTARISME

L'application des principes keynésiens a largement contribué à la stabilité et la prospérité des économies occidentales. La période de croissance extraordinaire qui suivit la seconde guerre mondiale a montré qu'il était possible de maîtriser les crises de surproduction. Il n'en reste pas moins que le problème de la hausse des prix n'a pas été étudié par Keynes. A son époque ce phénomène était en effet absent. Les monétaristes s'interrogent sur les problèmes liés à la quantité de monnaie en circulation et aux effets que cela peut avoir.

L'apparition de "l'inflation", considérée comme un moindre mal dans un premier temps rend peu appropriée, dès les années 1970, toute politique de relance de type keynésien. Les monétaristes estiment que la hausse de la masse monétaire (quantité d'argent en circulation) n'est pas le bon moyen pour lutter contre la diminution de l'activité économique. En effet, l'inflation qui en résulte ruine à long terme les efforts consentis.

L'augmentation de la quantité d'argent doit représenter une augmentation de la production. Ils proposent donc de régler l'émission de monnaie à une quantité nécessaire au bon fonctionnement, à la stabilité de l'économie.

Ainsi, à partir des années 70, la lutte contre l'inflation a pris le dessus sur les préoccupations liées à l'emploi. Les économies occidentales passèrent ainsi de 10 à 2% environ d'inflation, malheureusement, le chômage passa, lui, dans la même période de 2 à 10%...

LA PENSÉE ACTUELLE

Aucune des théories étudiées précédemment n'a apporté de réponse satisfaisante à la crise qui a secoué les économies occidentales dans le dernier quart du XXe siècle. Ainsi, on peut dire que la période actuelle est marquée par l'effacement de toute théorie véritablement dominante. Un pays peut passer de l'application d'une théorie économique à l'autre au gré des changements de gouvernement et de leur orientation politique. On peut tenter tout de même de dégager actuellement deux courants principaux:

Le courant néo-keynésien

Prône l'intervention de l'Etat pour maintenir et améliorer de façon continue le système économique. C'est la base des doctrines des gouvernements sociaux-démocrate.

Le courant néo-classique

Considère que les interventions répétées de l'Etat sont responsables du mauvais fonctionnement de l'économie du pays. C'est la base des doctrines des gouvernement de droite ou conservateur.

Le survol de la pensée économique proposé nous a permis de présenter et de comprendre, tout au moins de manière partielle un certain nombre de théories. Ces dernières s'inscrivent dans leur temps, elles sont vraies puis fausses, souvent reprises et adaptées; il semble qu'il n'y ai pas de vérité définie et définitive…

2. MACROÉCONOMIE

21. LES SYSTÈMES ÉCONOMIQUES

Les systèmes économiques ont longtemps été classés en deux groupes qui s'opposaient idéologiquement, soit: l'économie de marché d'une part, planifiée de l'autre. La chute du Mur de Berlin (16 novembre 1989) et la disparition du système de planification de l'économie dans les anciens pays de communistes d'Europe de l'Est et en Russie nous permet aujourd'hui de nous concentrer essentiellement sur l'économie de marché. L'économie planifiée sera abordée, mais sera moins développée que l'économie de marché. Par la suite, nous aborderons brièvement les cas particuliers de la Chine et de l'Inde.

211. ÉCONOMIE DE MARCHÉ

ORIGINES ET CARACTÉRISTIQUES

Le terme de "marché" est aujourd'hui employé couramment. Son origine remonte à l'organisation des foires de commerce, au XIIe et XIIIe siècles. On appela alors "marché" le lieu de conclusion des échanges entre les vendeurs de marchandises et les acheteurs potentiels. Durant plusieurs siècles, le marché existait concrètement: il était facilement localisable. De nos jours, la multiplication des possibilités d'échange a transformé le marché en un élément abstrait, pas nécessairement localisé en un endroit précis, qui regroupe désormais l'ensemble des producteurs et des consommateurs d'un bien ou d'un service. Ce qui importe désormais, c'est que ceux qui ont l'intention de vendre et ceux qui ont envie d'acheter soient en contact d'une manière ou d'une autre : téléphone, fax, Internet ou tout autre moyen de communication.

Ce sont les écoles classiques des XVIIIe et XIXe siècles qui ont décrit les principes de l'économie de marché, ou capitalisme. Ce système est caractérisé par:

• La liberté individuelle,

- La concurrence,

- La formation des prix par le jeu de l'offre et de la demande,

- L'existence du profit.

C'est l'initiative personnelle qui est l'élément moteur du système. Chacun est libre de choisir sa profession et de créer sa propre entreprise. Ce sont donc les individus qui organisent et dirigent toute l'activité économique. L'Etat n'intervient pas dans l'économie et se contente de jouer un rôle d'arbitre en faisant respecter les règles de son jeu. Son action est limitée à des domaines d'intérêt général tels que la défense du pays, les relations avec l'étranger, la police intérieure, l'éducation, la santé, etc. Dans un tel système, les entrepreneurs privés jouent un rôle essentiel. En décidant de la nature et de la quantité de leur production, ils offrent aux clients une multitude de produits différents. La rencontre entre l'offre du producteur et la demande du consommateur s'effectue par l'intermédiaire du marché, d'où le terme d'économie de marché.

L'ÉVOLUTION DE L'ÉCONOMIE DE MARCHÉ

Dans la réalité, l'économie de marché telle que décrite par les penseurs de l'école classique n'existe pratiquement pas. En effet, les entreprises et l'Etat, notamment, ont des comportements qui perturbent le processus normal de la formation des prix qui voudrait que ceux-ci résultent d'un juste équilibre entre l'offre et la demande.

Etat et concurrence

L'Etat et l'économie de marché actuelle

Le capitalisme sauvage, tel qu'il était pratiqué au XIXe siècle, a créé une misère épouvantable dans le monde ouvrier. L'économie de marché ne pouvait demeurer sur cette voie. Sous la pression populaire et pour éviter tout risque de révolution, l'Etat est progressivement intervenu pour empêcher que l'écart entre les bénéficiaires et les exploités du système capitaliste ne se creuse trop. L'Etat agit de plus en plus dans les différents secteurs de l'économie – et souvent avec raison – pour préserver l'intérêt général. Le capitalisme pur et dur du XIXe siècle a progressivement glissé vers un système mixte qui voit la liberté d'entreprendre de plus en plus confrontée aux interventions étatiques. Le but final de cette emprise de plus en plus marquée de l'Etat sur l'économie est d'atténuer les défauts du capitalisme, en limitant notamment les inégalités sociales et en assurant la stabilité de l'économie. On parle désormais d'économie de marché sociale.

Ainsi donc, même dans une économie de marché moderne, il est demandé sans cesse à l'Etat de multiplier ses actions. Le XXe siècle a vu un extraordinaire développement de ses tâches sociales en matière de santé, de transport ou d'instruction par exemple. La protection de l'environnement est un nouveau défi et, dans ce domaine également, c'est l'Etat qui se retrouve en 1ère ligne pour veiller à la qualité du sol, de l'air et de l'eau. Il appartient encore à l'Etat d'assurer un bon fonctionnement du marché en empêchant notamment les abus dans le domaine de la concurrence (législation sur les cartels, loi sur la concurrence déloyale). Même si elles paraissent imposantes et contraires à l'esprit libéral, toutes ces interventions de l'Etat dans la vie économique respectent l'esprit d'un système de marché. Tant que l'Etat ne s'ingère par dans la gestion de l'entreprise, il ne saurait lui être reproché de défendre et de promouvoir l'intérêt général.

La concurrence et l'économie de marché actuelle

Une saine concurrence est l'élément moteur du système d'économie de marché. Elle garantit aux consommateurs des produits variés, de bonne qualité, à des prix intéressants. En effet, le producteur qui néglige la qualité et dont les produits sont chers par rapport aux autres est inexorablement exclu du marché. Malheureusement, cette concurrence ne s'exerce pas toujours de manière très limpide. Les situations de monopole, de même que les accords entre producteurs pour mieux contrôler le marché sont très nombreux.

Avantages et inconvénients de l'économie de marché

Avantages

Nous avons vu que le moteur de l'économie de marché – ou capitalisme – est l'intérêt personnel, c'est-à-dire la recherche du gain dans un grand espace de liberté individuelle. Le marché encourage les individus à manifester leur énergie, leur compétence, leur ambition et leur aptitude à prendre des risques. Cela confère au système de marché souplesse, vitalité, créativité et faculté de changement ; preuve en est l'extraordinaire développement économique qui a suivi la révolution industrielle. Aucun autre système n'a généré autant de richesses matérielles et donc de confort pour l'individu.

De plus, le système d'économie de marché actuel réduit les interventions des pouvoirs publics aux éléments d'intérêt général qu'il serait peu sage de laisser flotter librement sur le marché (énergie nucléaire, commerce de la poudre de guerre, distribution de l'eau, etc.). Ce serait en effet une erreur de supposer que chaque intervention de l'Etat est une atteinte à la liberté.

Inconvénients

L'économie de marché est un système peu efficace pour s'occuper des domaines sociaux tels que l'éducation, les services administratifs ou la santé. Ces secteurs non rentables – au sens ou l'entend un entrepreneur – sont délaissés et l'Etat s'en occupe tant bien que mal en fonction des ressources parfois bien maigres à disposition. C'est ainsi que certains pays voient leur système de santé se dégrader, la qualité de leur enseignement s'écrouler, la propreté et la sécurité des rues se transformer en souvenir. Le capitalisme a abouti à des inégalités considérables entre les individus. Entre un manœuvre et un directeur de banque, l'écart de salaire est facilement de 1 à 10.

Même si l'on n'est pas partisan d'une égalité totale, il faut convenir que les inégalités actuelles sont loin d'être toujours justifiées par le mérite ou le travail.

Dans les pays industrialisés, plus de 100 millions de personnes vivent en deçà du seuil de pauvreté. En Suisse, le nombre de salariés qui se trouvent dans cette situation a explosé au cours de ces dernières années. Ces working poors, les pauvres qui travaillent, sont désormais au nombre de 250'000. Agés de 20 à 60 ans, ils exercent une activité lucrative mais gagnent moins de 35'000 par an. Ce système ne peut éviter les crises qui, périodiquement, amènent misère et désolation au milieu de la surabondance. La crise se manifeste régulièrement dans presque toutes les nations capitalistes sous forme de stagnation de la croissance, du chômage, d'inflation, d'agitation sociale. La multiplication du nombre des sans-abri dans les grandes villes, l'augmentation du nombre des chômeurs de longue durée ou la réintroduction des soupes populaires illustrent le fossé grandissant entre les nantis et les oubliés de la prospérité.

POURQUOI L'ÉCONOMIE DE MARCHÉ SUBSISTE-T-ELLE?

L'économie de marché est un système dans lequel l'argent et la justice ne font pas bon ménage. Le marché est impitoyable pour les plus faibles qui disparaissent sous les coups d'assommoir de la concurrence. Pourtant, ce système est stimulant. Il permet la prise de risques, le défi, l'audace. Chacun peut espérer améliorer sa situation s'il est prêt à s'investir à fond et, au besoin, à jouer des coudes pour se faire une place au soleil. La liberté conférée par le système d'économie de marché encourage l'homme à se prendre en charge et l'incite à transformer, à innover, à créer. Notre confortable situation matérielle en est la preuve tangible. Malgré toutes ces imperfections, aucun système n'a jamais réussi à détrôner durablement le régime de l'économie de marché. S'il n'est pas parfait, le capitalisme d'aujourd'hui est certainement le moins mauvais des systèmes économiques.

212. ÉCONOMIE PLANIFIÉE

L'économie planifiée - ou collectivisme - est fondée sur la propriété collective des moyens de production et sur la planification totale de la vie économique par l'Etat. Les individus sont subordonnés à l'Etat et ne jouissent que de libertés et de droits très restreints. Le pouvoir central établit des plans. L'Etat estime la production à réaliser dans tous les secteurs, organise la distribution, fixe les prix, détermine les salaires, etc., bref remplace les mécanismes du marché. De même, la propriété privée des moyens de production a été supprimée.

AVANTAGES DE L'ÉCONOMIE PLANIFIÉE

Le grand avantage théorique d'une économie rigoureusement planifiée est sa stabilité. En effet, elle doit théoriquement échapper aux fluctuations qui secouent les économies capitalistes et à leur aspect le plus grave : un chômage parfois important. En outre, le problème des grandes inégalités de revenus – même s'il n'a pas disparu, car le salaire doit rester source de motivation – est considérablement atténué.

C'est en Russie en 1917 que se met en place pour la 1ère fois un régime politique se réclamant des idées de Karl Marx. L'URSS est alors le 1er Etat qui, voulant rompre avec le capitalisme, tente d'instaurer une nouvelle organisation économique et sociale. Dans les années 1970, un tiers de l'humanité vit dans un système économique régi par les lois de l'économie planifiée. Les principaux pays en sont l'URSS, la Chine, les pays de l'Est européen, la Corée du Nord, le Vietnam et Cuba. Depuis les événements de l'automne 1989, la grande majorité de ces pays a tourné le dos à des dizaines d'années de communisme.

L'effondrement de la plupart des régimes communistes a montré l'échec de ce type de système économique. Plusieurs raisons peuvent l'évoquer. Tout d'abord, les erreurs colossales dues à une travail titanesque de planification de l'économie du pays entraînant pénurie ou, au contraire, pléthore de certains biens. De plus, les plans établis à Moscou par exemple, étaient très mal acceptés dans certaines républiques baltes ou de confession principalement musulmanes. Les résultats économiques ont donc été systématiquement très inférieurs aux objectifs fixés.

INCONVÉNIENTS D'UNE ÉCONOMIE PLANIFIÉE

Le plus grave défaut d'une économie planifiée est d'ordre humain et non économique. Dans ce type d'organisation, l'intérêt personnel, ce puissant stimulant, n'agit plus guère. L'Etat pense et organise la vie de l'individu. La probabilité qu'a chacun d'améliorer son propre sort est extrêmement faible. La monotonie s'installe, la motivation disparaît, et c'est un climat de désintérêt total qui domine. S'accrochant au pouvoir par la corruption et la peur, la nomenklatura entretenait le fossé existant entre les classes qu'une économie de ce type aurait justement dû abolir.

Une boutade illustre bien la toute puissance des Etats (quelque soit le système): "sous le régime capitaliste, il y a l'exploitation de l'homme par l'homme. Dans le régime communiste, c'est exactement le contraire".

213. DÉVELOPPEMENT DES RÉGIONS PAUVRES: NOUVEAU PARADIGME?

L'ARRIVÉE DES GÉANTS DU BRIC

Née de la révolution industrielle du début du XIXe siècle, l'économie de marché a longtemps concerné uniquement les pays dits développés. Nous sommes en train d'assister à un changement radical. A elles seules, la Chine et l'Inde représentent environ 40% de la population mondiale. Longtemps engluées dans le sous-développement et figées dans des modèles économiques centralisés, la Chine tout d'abord, puis l'Inde aujourd'hui, s'orientent résolument vers un système d'économie de marché. L'arrivée de ces deux géants dans le commerce mondial va changer la face du monde.

LA CHINE - L'ATELIER DU MONDE

Depuis 1949, la Chine est officiellement un pays communiste. Malgré les changements en cours, elle reste un régime totalitaire. Les libertés civiles n'existent pas et la répression est omniprésente. Pourtant, depuis une vingtaine d'années, la Chine est en train de changer. Le régime s'efforce de dériver, sans le dire, d'un système rigide d'économie centralisée vers un type d'économie privée, sans pour autant remettre en cause son propre monopole du pouvoir. L'économie de marché sans la démocratie, voilà la voie choisie par les autorités chinoises. En 1988, la notion de secteur privé est introduite dans la constitution. En 1999, un amendement lui reconnaissait la qualité de "composante importante" de l'économie nationale. En 2003 enfin, la charte du parti communiste est modifiée : l'inviolabilité de la propriété privée est reconnue. Tout va très vite en Chine. Entre l'an 1901 et l'an 1950, le revenu par habitant n'a pas augmenté. Entre 1950 et 2002, il s'est multiplié par huit. En une génération, la Chine traverse les mutations que les pays occidentaux ont mis 150 ans à accomplir. Elle vit sa première révolution industrielle, celle que nous avons connue à la fin du XIXe siècle.

Grâce à l'exode de paysans pauvres qui viennent fournir une main d'œuvre nombreuse, docile, travailleuse et mal payée – 2 à 3 francs par jour de salaire de base – la Chine a connu une croissance économique sans précédent. En quelques années, elle s'est hissée au 5e rang des puissances économiques mondiales. Déjà premier pays d'accueil de l'investissement étranger, les décisions récentes sur la propriété privée vont renforce l'attractivité de l'Empire du milieu et en faire plus que jamais le "grand atelier du monde". La Chine sera probablement avant 2020, la 2e puissance économique mondiale derrière les Etats-Unis. Aujourd'hui, elle produit déjà 70% des photo-copieurs de la planète, 60% des bicyclettes, 50% des ordinateurs et des chaussures.

A l'instar du capitalisme sauvage de l'Europe du XIXe siècle, le capitalisme chinois engendre de grandes disparités sociales. La Chine est aujourd'hui le pays le plus in-égalitaire de la planète. Si 300 millions de Chinois profitent de la croissance des grandes villes, le milliard d'habitants des campagnes jouit quatre fois moins de la croissance économique et continue à vivre dans un état sanitaire déplorable. Seuls 10% des Chinois bénéficient d'une couverture sociale (santé et retraite).

L'INDE – LE BUREAU DU MONDE

80 fois plus grande que la Suisse et 150 fois plus peuplée ; bienvenue dans l'Inde du XXIe siècle. Située à un endroit stratégique proche de la Chine, de l'Asie du Sud-Est et du Moyen-Orient, l'Inde offre des perspectives de développement économique ex-ceptionnelles. Après son indépendance acquise en 1948, l'Inde a choisi un modèle de développement socialiste, très aligné sur le modèle soviétique, avec une forte centrali-sation de l'activité économique par l'Etat. Le résultat fut dramatique : un niveau de production très bas, une sous-alimentation chronique, un analphabétisme élevé, une part très faible dans le commerce mondial. Bref, l'Inde était engluée dans sa misère. Depuis 1997, le pays a adopté un certain nombre d'éléments de liberté économique. L'ouverture de son commerce aux marchés étrangers a créé une véritable révolution économique. Si la Chine a misé sur l'industrie, l'Inde a choisi les services. Elle sera sous peu le "bureau du monde".

En Inde, la classe moyenne se développe. Déjà près de 200 millions d'Indiens ont un niveau de vie qui n'a rien à envier au modèle occidental. D'aucuns voient déjà ce grand pays au 3e rang des puissances économiques mondiales d'ici une génération. Comme la Chine, l'Inde va être confrontée au problème du partage des richesses. Dans les campagnes, où demeurent encore deux tiers de la population, la misère sévit toujours, et on estime que 30% des Indiens vivent encore au dessous du seuil de pauvreté (60% en 1970).

22. MONNAIE ET POLITIQUES ÉCONOMIQUES

221. HISTOIRE ET FONCTIONS DE LA MONNAIE

HISTOIRE

Les civilisations primitives ont vraisemblablement pratiqué le troc (échange d'objets) sans avoir recours à une monnaie. Toutefois cette manière de faire n'a pas été aussi étendue qu'on pourrait le croire; elle comporte en effet de nombreux inconvénients qui d'une manière générale freinent l'activité économique. En effet:

* Il exige qu'une personne soit disposée à acquérir le bien d'une autre et vice-versa.

* Les deux bien doivent avoir la même valeur

* L'échange n'a pas une valeur universelle

A partir du moment où la société humaine s'est sédentarisée et que l'homme a développé un système social fondé sur la vie en communauté et l'agriculture, le développement des échanges et la vente des produits de l'exploitation ont entraîné l'apparition d'un intermédiaire dans les échanges: la monnaie. En échange de son bien le vendeur accepte un autre bien dont il n'a pas directement l'usage, mais dont il sait qu'il pourra l'utiliser plus tard pour obtenir ce dont il aura alors réellement besoin. La monnaie et la dette deviennent les éléments que l'on accepte avec l'idée de s'en servir plus tard.

Il est intéressant de noter que les premières monnaies ont été des marchandises. Par exemple: en Afrique on se servait de pièces de tissu, au Tibet de blocs de thé comprimé, en Virginie de tabac, en Gaule de hachette de cuivre, aux îles Fidji de poissons séchés et enfin à Berlin en 1945 de paquets de cigarettes américaines qui ont changé de mains sans jamais être fumées.

Pour faire office de monnaie, ces diverses denrée devaient remplir certains critères :

- Pouvoir se conserver dans le temps
- Etre aisément transportables
- Etre rares pour avoir une valeur reconnue de tous
- Etre facilement divisibles

La monnaie métallique

C'est les critères ci-dessus qui ont conduit les sociétés à utiliser des métaux précieux (or, argent, cuivre, laiton ou encore bronze) dans les échanges. Après les lingots, les pièces se sont vite imposées comme la forme la plus pratique de monnaie marchandise. Ce qui faisait alors la valeur de la pièce était la quantité de métaux précieux qu'elle contenait. Ainsi, on pesait régulièrement les pièces au cours des échanges. Petit à petit les états se sont mis à frapper la monnaie à l'effigie de leurs souverains.

La monnaie papier

L'usage de la monnaie de métal à montrer ses limites lorsque les échanges sont devenus toujours plus nombreux et que les prix ont augmentés. Le passage à une monnaie de papier s'est fait en trois étapes :

1. A la fin du Moyen Age, les détenteurs de grandes quantités de pièces métalliques ont cherché à mettre en sécurité leur fortune. Ce sont les orfèvres qui, les premiers jouèrent le rôle de banquiers. Ils émettaient des reconnaissances de dettes, soit des papiers qui permettaient au porteur de récupérer la somme en tout temps. Ces papiers se mirent à circuler et à servir comme moyen de paiement.

2. Les orfèvres ne mirent pas longtemps pour s'apercevoir que leurs réserves de métaux précieux excédaient continuellement les retraits que les clients effectuaient. Ils se mirent à émettre, sous forme de crédit, plus de papier-monnaie que le stock de métaux qu'ils détenaient. Ils émettent plus de billet qu'il ne possède de métal en stock.

3. Les Etats interviennent dans l'émission des billets de banque. Ceci afin de limiter la multiplication des types de billets en circulation. Depuis le début du XXe siècle, ce sont les banques centrales qui assurent cette mission.

Notons enfin que le passage de la monnaie marchandise à la monnaie de papier est une étape importante de la dématérialisation progressive. Les différentes marchandises ont une valeur en elles-mêmes (valeur intrinsèque du sel, du sucre, du métal précieux) alors que les billets n'ont d'autre valeur que celle du papier dont il sont fait. L'homme s'est ainsi mis à régler ses achats avec de simples bouts de papier. Ce système basé sur la confiance (fiducia en latin) a donné naissance à une nouvelle forme de monnaie : la monnaie fiduciaire (pièces et billets).

La monnaie scripturale

Le développement des échanges multiplia les risques de perte, de vol ou de destruction des billets lors de leur transport. Ainsi, on recourut de plus en plus au dépôt des billets auprès des banques qui créèrent des comptes clients, qui servirent dès lors à la gestion du trafic des paiements. Le client donne l'ordre à sa banque d'effectuer le paiement, c'est-à-dire de prélever le montant sur son compte et de le verser sur le compte d'une tierce personne (le créancier). Par un simple "jeu d'écritures", sans transfert physique de pièces ou de billets, la banque à permis le règlement de biens ou de services: c'est ce qu'on appelle la monnaie scripturale (scriptio, écriture en latin).

Une monnaie est une bonne monnaie si elle a la confiance des personnes qui l'utilisent ou voudraient l'utiliser/la conserver. Elle sera alors acceptée comme moyen de paiement (avec la possibilité d'effectuer des règlements plus tard).

FONCTIONS

De l'historique ci-dessus, on peut ainsi distinguer trois fonctions de la monnaie :

Moyen de paiement

C'est la fonction d'origine de la monnaie. Elle sert d'intermédiaire dans les échanges de biens et de services.

Mesure de valeurs

Elle sert comme étalon de mesure de la valeur des biens et des services. (Comme le "mètre" pour les distances ou le "kilo" pour la mesure des poids). La valeur de tout les biens et services est affichée avec la même unité.

Réserve de valeur

La personne qui possède de la monnaie est autorisée à répartir son pouvoir d'achat dans le temps. Cela permet de faire face aux aléas de la vie : dépenses non prévues, épargne, etc. Cela est valable tant que l'inflation ne vient pas affaiblir le pouvoir d'achat des ménages. Lorsque cela arrive alors les consommateurs se réfugient vers des valeurs matérielles de substitution : par exemple l'or, le dollar, l'euro, les biens immobiliers. Ils sont alors à l'abri des poussées inflationnistes.

Toutefois, une quatrième fonction a vu le jour au milieu du XX siècle. Le succès des théories keynésiennes a démontré l'importance primordiale de l'Etat dans l'économie en période de crise. La monnaie devient alors un instrument majeur de la politique économique d'un pays (politique monétaire).

Régulation de l'économie

Une mauvaise politique monétaire peut avoir des conséquences désastreuses sur l'économie d'une nation. La quantité de monnaie (masse monétaire) en circulation doit être finement ajustée, au risque, en cas de pénurie, de déclencher une crise de sur-production et un chômage important (crise des années 30) ou en cas d'excédent, d'entraîner l'économie vers une situation de surchauffe et d'inflation élevée (Suisse dans les années 80).

Une bonne gestion de la quantité de monnaie en circulation ne suffit cependant pas à garantir un développement harmonieux de l'économie d'un pays. Il est sûr, au contraire, qu'une mauvaise gestion de cette quantité entraîne de nombreux désagré-ments.

222. POLITIQUES ÉCONOMIQUES

L'État recoure à plusieurs sortes de politique économique. Le fonctionnement de l'économie de marché, comme nous l'avons déjà vu plusieurs fois depuis le début de l'ouvrage, n'est pas parfait. La politique économique représente l'ensemble des me-sures engagées par l'Etat pour corriger certains dysfonctionnements. On distingue

TROIS POLITIQUES ÉCONOMIQUES DIFFÉRENTES

La politique structurelle

Elle a deux buts principaux:

1. garantir que les conditions-cadres de l'économie de marché sont respectées. L'E-tat joue ici un rôle d'arbitre, qui favorise la concurrence en promulguant des lois, par exemple antitrust, anti-cartel, etc.;
2. assurer la croissance à long terme, en développant les structures nécessaires au développement économique (comme la formation, les transports, l'énergie).

La politique sociale

Elle vise a diminuer les inégalités matérielles et à protéger les catégories sociales qui ne parviennent pas à soutenir la concurrence, L'Etat tente de laisser le moins de monde possible sur la touche. Pour la réalisation de ce but, l'Etat peut:

*   promulguer des lois: interdiction du travail des enfants, par exemple

*   redistribuer les revenus: par exemple, par un taux d'imposition proportionnellement plus élevé pour les revenus importants

*   organiser des activités d'intérêt général: par exemple, l'accès à l'instruction pour tous ou les services postaux

La politique conjoncturelle

Elle vise l'élimination des fluctuations économiques, en assurant le plein-emploi ainsi que la stabilité des prix et des taux de change (équilibre extérieur). Il existe deux moyens pour réaliser cet objectif:

1. la politique monétaire, qui consiste à agir sur les liquidités et ainsi sur le taux d'intérêt afin de favoriser ou défavoriser les investissements

2. la politique budgétaire: en augmentant ses dépenses en période de crise (en finançant de grands travaux, comme une autoroute), l'Etat peut participer à la relance économique ; en les diminuant en période de haute conjoncture, l'Etat peut contribuer à ce que l'économie ne s'emballe pas.

Principes multiples ("carré magique" de Kaldor)

Les trois politiques économiques présentées plus haut visent à garantir le meilleur équilibre possible entre six dimensions, dépendantes les unes des autres.

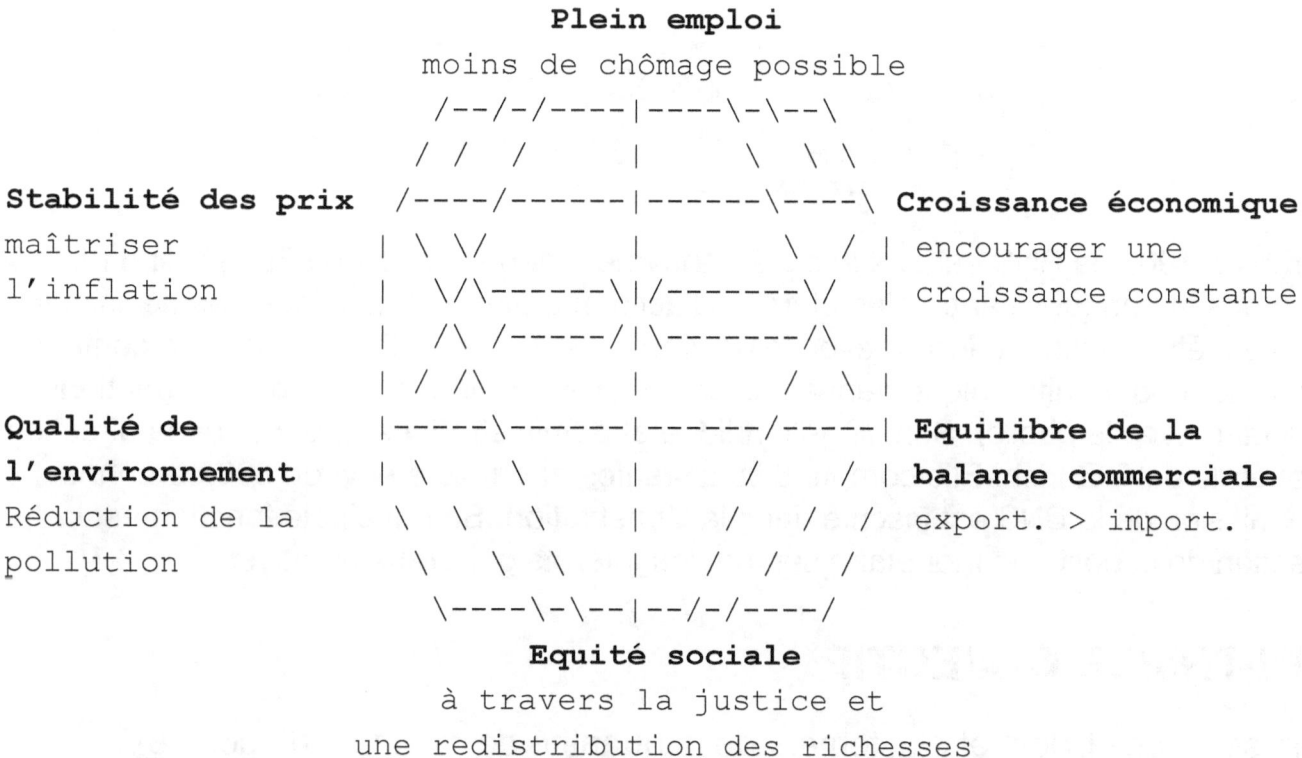

Cet hexagone peut se résumer dans la poursuite de quatre objectifs:

Forte croissance	—>	PIB
Stabilité des prix	—>	Inflation
Chômage faible	—>	Tx de chômage
Balance commerciale	—>	en % du PIB

Peut-on atteindre les objectifs de la politique conjoncturelle ?

Assurer à la fois le plein-emploi, la stabilité des prix et celle des taux de change, est un exercice périlleux pour les autorités publiques.

- Si l'objectif de la politique conjoncturelle est le plein-emploi, l'accent sera mis sur la relance des investissements - par exemple par une augmentation de la masse monétaire. Cependant, une augmentation de la masse monétaire signifie danger d'inflation et, par conséquent, perte de la stabilité des prix.

- Si l'on recherche la stabilité des prix, il est nécessaire, dans les périodes d'inflation, de restreindre la masse monétaire. Restriction de la masse monétaire signifie hausse des taux d'intérêt, diminution des investissements et donc risque de chômage.

- La recherche de la stabilité du taux de change se heurte aussi aux deux objectifs précédents: soutenir une monnaie signifie faire varier la masse monétaire, avec le risque d'inflation ou de chômage.

223. RÔLE DE LA BANQUE NATIONALE (BNS)

Crée en 1907, la BNS est une société anonyme indépendante de l'Etat fédéral (54 % cantons et banques cantonales et 44 % d'actionnariat privé) mais dont les décisions doivent être prises en accord avec le gouvernement suisse. C'est la banque centrale helvétique, qui traite uniquement avec les banques commerciales. (pas de relations d'affaire avec le public). Son siège juridique et administratif est à Berne et sa direction générale est à Zurich. Elle compte 6 succursales et emploie environ 600 personnes. La mission de la BNS est inscrite dans la Constitution. Sa principale fonction est la gestion de la politique monétaire servant les intérêts généraux du pays.

UN TRIPLE OBJECTIF

Emission des billets et ajustement de la quantité de monnaie (fiduciaire)

C'est la BNS qui est seule responsable de l'émission des billets de banque. Elle a donc le monopole de la création physique de monnaie. La création des pièces de monnaie n'est pas de sa responsabilité ; c'est la Confédération Helvétique qui en est responsable.

Lorsque l'économie manque de liquidités, la population n'achète plus que le strict nécessaire. Pour vendre, les commerçants doivent baisser leurs prix. Les salaires seront attirés vers le bas et l'économie tourne au ralenti. Des entreprises ferment et le chômage augmente.La BNS par une politique dite de relance va injecter des liquidités et ainsi contribuer à relancer l'économie qui souffre d'un manque de croissance.

A l'inverse, si les liquidités en circulation sont supérieures à ce dont l'économie à réellement besoin, les acheteurs dépensent sans compter. Les vendeurs se frottent les mains et ne se privent pas d'augmenter leurs prix. L'inflation menace !!!!! Dans ce cas, la BNS par une politique restrictive (diminution de la quantité de monnaie en circulation) visera à calmer l'économie qui a tendance à s'emballer.

Trouver la juste quantité de monnaie dont l'économie du pays a besoin est l'une des mission de la BNS. Des événements intérieurs (immigration, grèves, etc.) ainsi qu'extérieur (crise internationale, guerres, prix du pétrole, etc.) sont à même de compliquer les prévisions de la banque. De plus, il s'écoule entre 6 à 9 mois entre la prise de décision de la BNS et les effets visibles dans l'économie.

Le principal outil de la BNS pour remplir cette mission est la fluctuation des taux directeurs (intérêts des prêts accordés aux banques commerciales). Les banques commerciales, par l'intermédiaire des prêts qu'elles accordent, créent alors de la monnaie scripturale.

Assurer la stabilité des prix

La stabilité des prix est un facteur important de la santé économique du pays. Ceux-ci influencent directement sur la consommation et la production des biens et des services. Trop de monnaie en circulation va entraîner une augmentation du niveau général des prix (situation d'inflation). A l'inverse un manque de monnaie entraînera une diminution du niveaux général des prix et un ralentissement progressif de l'activité économique (situation de déflation). La BNS table sur un objectif d'augmentation des prix d'environ 2 %. Une hausse régulière et légère des prix est le signe d'une économie dynamique bénéficiant d'une croissance saine.

Garantir la stabilité extérieure du franc suisse

Les fluctuations du cours de notre monnaie peuvent également fortement perturber l'état de l'économie du pays. Si le franc suisse est fort, cela signifie que le prix des produits suisses à l'étranger sera élevé. Il sera par conséquent difficile de vendre nos produits dans les marchés d'exportation. Certaines entreprises se retrouveront alors en difficultés… Si au contraire le prix du franc suisse est bas, la situation inverse se produit. Il est facile de vendre des produits sur les marchés internationaux. Les entreprises exportatrices seront d'autant stimulées à produire. Trop de fluctuations des cours de change perturbent la stabilité économique.

LES TAUX D'INTÉRÊT

L'intérêt peut être défini comme le prix de la monnaie ou le loyer de l'argent. Il s'agit de la rémunération accordée par l'emprunteur à l'épargnant.

Pour le prêteur, l'intérêt doit rémunérer:

- Le risque pris en se séparant momentanément de son argent

- La renonciation à une consommation immédiate (abstinence)

- L'attente avant de pouvoir disposer à nouveau de son capital

Pour l'emprunteur, l'intérêt est avant tout un coût de production qui va venir s'ajouter aux autres charges inhérentes à la production de biens ou de services. (Salaires, électricité, loyer,...)

23. ÉCONOMIES NATIONALES

231. MESURE DE LA RICHESSE

Quelques définition:

Economie nationale

Ensemble des agents économiques (ménages, entreprises, Etat) actifs dans un espace économique (Etat ou association d'Etats) et mutuellement dépendants

Flux de biens et services intérieur

Valeur monétaire de tous les biens et services produits sur un territoire donné pendant une année par des résidents originaires de ce territoire et des résidents d'origine étrangère.

Indice des prix à la consommation (IPC)

Prix payé par les ménages pour 50'000 biens de consommation (le panier-type) qu'on pondère différemment afin de ne pas donner la même importance au prix des produits alimentaires (pain, farine, etc.), du logement (loyer, entretien, etc.), des transports (voiture, abonnement, etc.) ou des loisirs (téléviseur, jouets, etc.); sa variation permet de rendre compte de combien le consommateur doit faire varier ses dépenses pour maintenir le même volume de consommation.

Balance commerciale

Différence, en termes monétaire, entre les exportations et les importations.

Produit intérieur brut (PIB)

Somme des valeurs ajoutées produit par les résidents et non-résidents sur un territoire donné. Plusieurs méthodes permettent de calculer le PIB, notamment: l'optique de la dépense (prix finaux des biens achetés) ou de la production (somme de tous les biens produits). Ces deux méthodes doivent donner le même résultat et correspondent au cumul des revenus, soit les profits réalisés, ainsi que les salaires, intérêts, amortissements et impôts reçus en échange des biens ou service produits.

Produit national brut (PNB)

On retranchera au PIB tous les revenus de facteurs versés à l'extérieur du territoire (profit d'une entreprise étrangère par exemple) et additionner les revenus de facteur en provenance de l'extérieur (profit d'une entreprise suisse établie à l'étranger).

COMPOSITION DE L' INDICE DU PRIX À LA CONSOMMATION

L'indice du prix à la consommation (IPC) est destiné à une multitude d'utilisations et doit par conséquent remplir toutes sortes de conditions. Ces utilisations vont de l'évaluation de la situation économique par rapport à la politique économique en général et à la politique monétaire en particulier, à l'estimation de la compétitivité de notre pays sur le plan international, en passant par l'indexation des salaires, des rentes et d'autres valeurs monétaires et par la définition, en termes réels, de la croissance économique. L'analyse de son évolution nous renseigne sur la manière dont la société évolue:

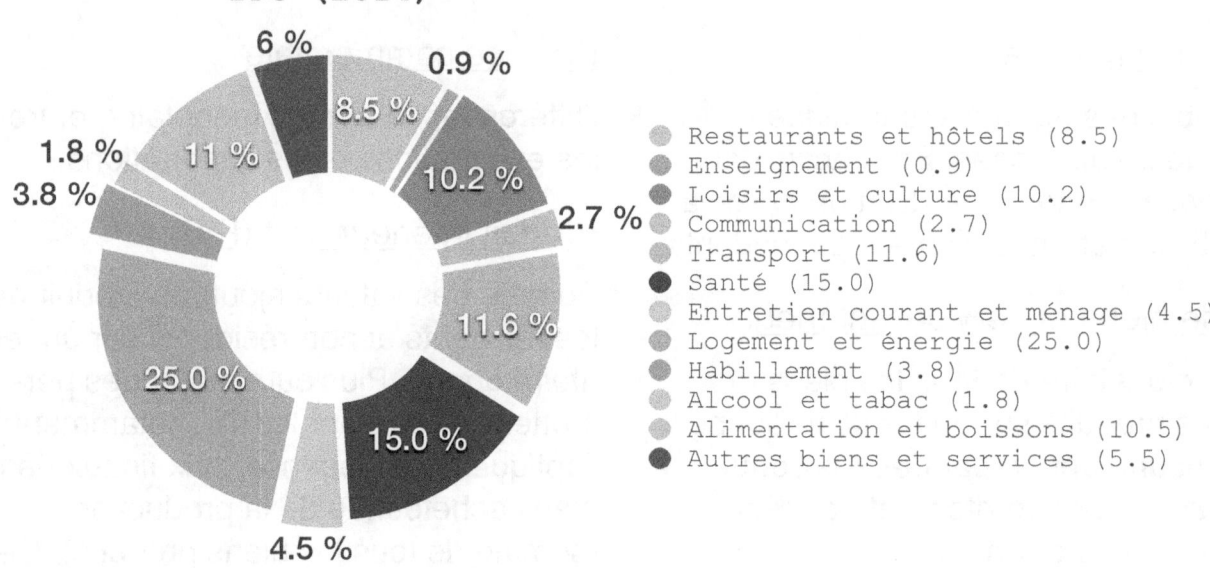

IPC (2014)

- Restaurants et hôtels (8.5)
- Enseignement (0.9)
- Loisirs et culture (10.2)
- Communication (2.7)
- Transport (11.6)
- Santé (15.0)
- Entretien courant et ménage (4.5)
- Logement et énergie (25.0)
- Habillement (3.8)
- Alcool et tabac (1.8)
- Alimentation et boissons (10.5)
- Autres biens et services (5.5)

Comparaison 1966 vs 2014 (en %)

Logement	: + 2.0%	**Loisirs et formation**	
Santé	: +10.3%		+12.2%
Transport	: + 2.6%	**Alimentation**	: -23.7%
Communication	: + 2.7%	**Habillement**	: - 9.2%
	(nul en 1966)		

Si les dépenses en pour-cent évoluent, il est intéressant de remarque, qu'outre les loisirs et la formation, les dépenses en valeurs réelles évolue peu.

PIB VS PNB ET NOTION DE VALEUR NOMINALE

Comparaison

Pour un pays développé, le PIB et le PNB sont pratiquement identiques. Au contraire, pour un pays en voie de développement, le PIB est beaucoup plus élevé car il y a beaucoup d'entreprises étrangères venues s'implanter. En Suisse, le PNB en 2013 s'élevait à 664 milliards alors que le PIB se montait à 635 milliards de francs suisse, en valeur réelles.

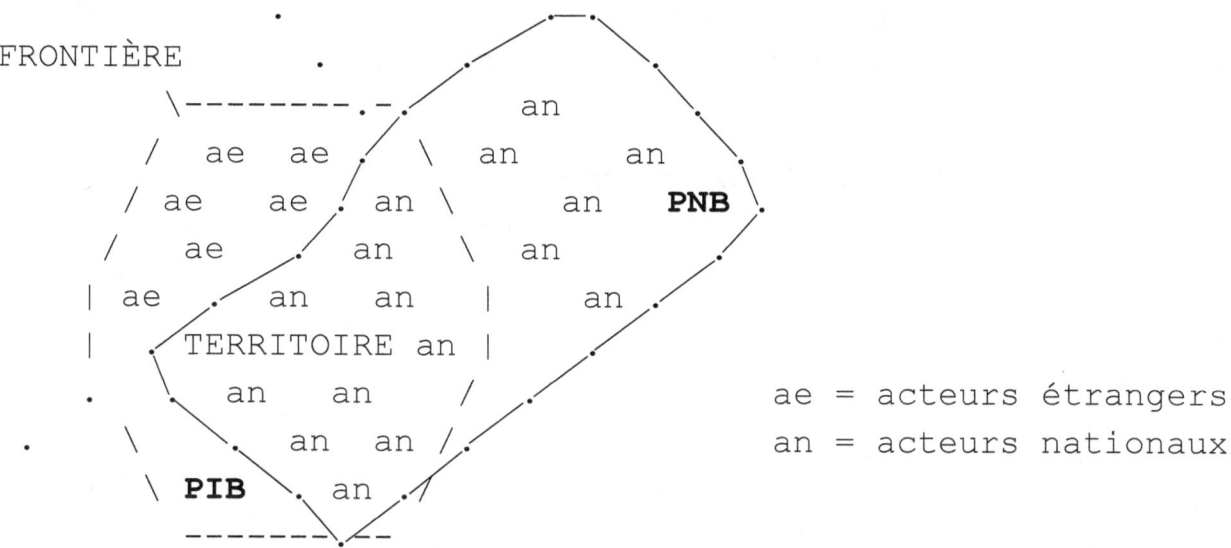

Valeur nominale

La valeur nominale a deux sens, selon que l'on parle d'économie ou de finance: sur un plan économique, la valeur nominale d'un bien est sa valeur en monnaie actuelle, donc retraitée de l'inflation (augmentation) des prix à la consommation, notion indépendante des capacités de production et donc de la hausse de valeur ajoutée. Cette "correction" permet de comparer une valeur monétaire à travers le temps. Par exemple, la valeur d'un salaire en 1960 et la valeur de ce même salaire aujourd'hui (en finance, la valeur nominale correspond à la valeur d'un titre lors de son émission).

Trois vidéos illustrent les concepts présentés jusqu'ici dans ce chapitre sur l'économie nationale:

PIB   : http://youtu.be/ROpFSrUMs-A
Calcul   : http://youtu.be/DF6mM4QMlMs
Valeur nominal Vs réel : http://youtu.be/sfGwoKoOem4

CALCUL DU PRODUIT INTÉRIEUR BRUT

L'approche par la production

L'approche par la production permet de déterminer la valeur ajoutée créée par les divers acteurs économiques au cours d'une période, soit valeur ajoutée (p - c) + ajustements (t - s).

Valeurs en millions de francs, à prix courants

	2011		2012		2013	
	E*	**R***	**E***	**R***	**E***	**R***
Production		1'222'954		1'245'186		1'273'643
Consommation intermédiaire	626'809		641'577		659'490	
Impôts sur les produits (taxes)		35'106		34'961		35'307
Subventions sur les produits		-12'927		-13'978		-14'129
Produit intérieur brut (nominal)	**618'325**		**624'592**		**635'331**	
	(A)		(B)		(C)	

Variation en % par rapport à l'année précédente, à prix courants (taux de croissance nominal)

	2012		2013	
	E*	**R***	**E***	**R***
Production		1.8		2.3
Consommation intermédiaire	2.4		2.8	
Impôts sur les produits (taxes)		-0.4		1.0
Subventions sur les produits		8.1		1.1
Produit intérieur brut	**1.0**		**1.7**	
(nominal)	= (B − A) / A		= (C − B) / B	

* E = Emplois / R. = Ressources

PIB
=
(VALEUR DE PRODUCTION - CONSOMMATION INTERMÉDIAIRE) + AJUSTEMENTS = Σ VALEURS AJOUTÉES + (Σ IMPÔTS - Σ SUBVENTIONS)

L'approche par la dépense

L'approche par la dépense a pour objet de montrer comment les différents acteurs utilisent leur revenu disponible, soit consommation finale (c + g) + investissement i + balance commerciale (x - m).

Valeurs en millions de francs, à prix courants

	2011	2012	2013
Dépense de **consommation** finale (ménage + Etat)	399'802	408'210	415'086
Formation brute de capital (**investissement**)	166'124	151'456	143'281
Exportations de biens et de services	406'706	418'818	458'382
Importations de biens et de services	354'306	353'893	381'417
Produit intérieur brut (nominal)	**618'325**	**624'592**	**635'331**

Variation en % par rapport à l'année précédente, à prix courants

	2012	2013
Dépense de **consommation** finale (ménage + Etat)	2.1	1.7
Formation brute de capital (**investissement**)	-8.8	-5.4
Exportations de biens et de services	3.0	9.4
Importations de biens et de services	-0.1	7.8
Produit intérieur brut	1.0	1.7
(nominal)		

PIB
=
DÉPENSES DE CONSOMMATION + Σ EXPORTATIONS - Σ IMPORTATIONS

L'approche par les revenus

L'approche par les revenus s'intéresse à la rémunération des facteurs de production, soit la terre, le travail et le capital.

Valeurs en millions de francs, à prix courants

	2011	2012	2013
Rémunération des salariés	356'132	365'517	375'407
Excédent net d'exploitation	115'925	113'151	111'437
Consommation de capital fixe	127'984	129'273	131'750
Impôts sur la production et les importations	38'267	38'238	38'653
Subventions	-19'983	-21'586	-21'915
Produit intérieur brut (nominal)	**618'325**	**624'592**	**635'331**
Rémunération des salariés **reçue** du reste du monde	2'406	2'364	2'406
(Rémunération des salariés **versée** au reste du monde)	19'120	20'491	21'470
Revenus de la propriété **reçus** du reste du monde	95'709	113'808	128'633
(Revenus de la propriété **versés** au reste du monde)	72'753	83'351	79'906
Revenu national brut	**624'567**	**636'922**	**664'994**

PIB

=

SALAIRES + BÉNÉFICE D'EXPLOITATION (GROSS OPERATING PROFIT OU EBITDA) ET REVENUS MIXTES BRUTS + AJUSTEMENTS

Critiques

Critique du PIB : le PIB ne mesure que ce qui a un coût, ce qui est marchandable. Le PIB d'un pays augmente donc lorsque vous êtes malades (dépenses en médicaments) et encore plus lorsque vous avez un accident. Par contre, se balader au bord de la mer en bonne compagnie et passer du bon temps n'a aucun impact sur le PIB. De plus, il est difficile d'évaluer la production non marchande (l'enseignement par exemple). On évalue la production d'un enseignant à son coût de production, c'est-à-dire le salaire. Mais peut-on vraiment mesurer et mettre un coût sur la connaissance ?

De plus, le PIB est une moyenne de la richesse créée par un pays. Il peut donc se cacher de grandes disparités entre ses résidents. Il faut toujours comparer des PIB par habitants plutôt que le PIB global du pays.

INDICATEURS SOCIAUX ET DES INÉGALITÉS

Indice de Gini

Pour mesurer la disparité des revenus au sein d'une économie, on se penchera sur le coefficient de Gini. L'indice de Gini donne donc une information sur sa répartition des richesses nationales. Le PIB mesure la richesse globale des résidents d'un pays mais pas le bonheur ni la qualité de vie; on aura recours à d'autres indicateurs pour plus d'indications sur la qualité de vie sur un territoire donné.

```
                                   /./  \100%
                          é  /   .  |
                       t  /     .  |
                     i  /       .    | E
                   l  /   i   .      | U
                 a  /     n   .      | N
               g  /       i   .      | E
             é  /   g     .          | V
               /       .             | E
             /       .               | R
           /.   .                    |
           ---------------------------\ 0%
           0       # DE MÉNAGES       100%
```

Répartition mondiale

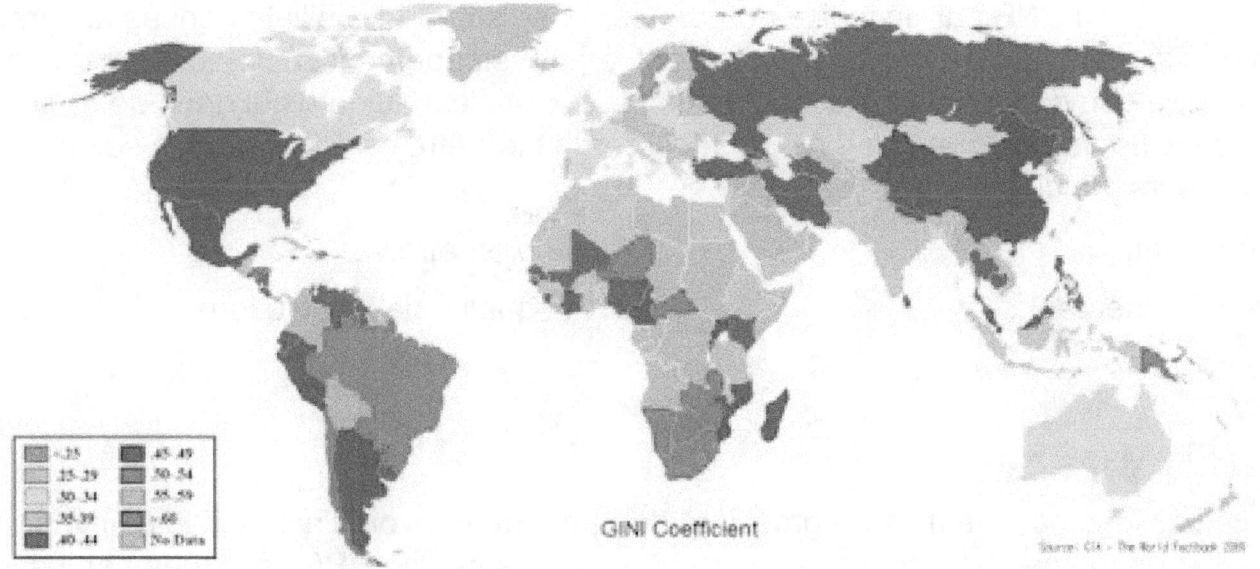

Indice du développement humain (IDH)

L'indice de développement humain est calculé par le "Projet des Nations Unies pour le Développement" (PNUD). Ils définissent l'IDH comme une mesure le niveau moyen auquel se trouve un pays donné selon trois critères essentiels du développement humain: espérance de vie, instruction et conditions de vie. L'accès à l'éducation est mesuré par le taux d'alphabétisation des adultes et par le taux combiné de scolarisation dans le primaire, le secondaire et le supérieur. Mais, mis à part quelques cas aberrants, comme les pays pétroliers, on observe que le PIB par habitant et l'IDH coïncident très fortement. Ils sont fortement corrélés, dans la mesure où:

- Le PIB lui-même rentre dans la composition de l'IDH

- Le savoir est l'une des clés de la croissance, donc du PIB…

- Il faut un certain niveau de richesse pour accorder de l'importance et des moyens à la santé et aux conditions sanitaires

Indice du bonheur (IRB)

L'IRB, est une façon d'évaluer qualitativement et quantitativement l'état d'esprit général des populations et de les comparer entre elles, en partant du principe que tout être humain recherche, consciemment ou non, une situation qui s'approchera le plus possible de sa vision du bonheur. Cette dernière est variable et s'appuie sur des valeurs, des acquis et des sentiments qui diffèrent d'un individu à un autre. Ce que l'IRB évalue, c'est donc l'impression et la perception que les gens ont de leur propre état.

L'idée d'un indice du Bonheur National Brut est née au Bhoutan ! Petite monarchie himalayenne nichée entre la Chine et l'Inde. Son roi y a décidé, en 1972, de remplacer le très quantitatif PNB par un indice du bonheur basé sur quatre piliers censés assurer la pérennité de la culture, de l'environnement, du développement socio-économique et de la bonne gouvernance. L'idée a fait son chemin, et c'est aujourd'hui dans de nombreux pays du monde que l'on tente de mesurer le bien-être des populations selon sept facteurs principaux:

1. l'économique
2. l'environnement
3. la santé
4. le bien-être
5. la qualité des institutions

Indice Big-Mac

L'indice Big Mac est une mesure grossière de parité de pouvoir d'achat (PPA), inventée par le magazine The Economist en 1986. Les mesures de PPA, réalisées par les organismes internationaux comprennent souvent des milliers de produits et leur composition est dépendante de chacune des zones géographiques étudiées.

L'indice Big Mac présente plusieurs avantages: sa mesure est facile, la composition et la vente d'un Big Mac nécessitent comme intrants à la fois des matières premières végétales et animales (achetées sur les marchés locaux), mais aussi des services (cuisiniers, vendeurs), des produits chimiques et des locaux. Les coûts de production sont calculés au plus juste par les gérants des McDonald's.

Calcul

L'indice Bic Mac permet ainsi de calculer le nombre d'unités monétaires nécessaire pour acheter la même "quantité de Big Mac" par rapport à une unité monétaire de base (le dollar américain).

1. Le prix d'un Big Mac en Suisse est de 6,50 (francs suisse).

2. Le prix d'un Big Mac aux États-Unis est de 4,80 (dollar américain).

3. Le calcul de l'indice se traduit alors ainsi : 6,50/4,80 = 1,354

Donc CHF 1,354 permet d'acheter la même "quantité de Big Mac" que USD 1.-

Il est possible de déterminer si le taux de change du marché est sur ou sous-évalué par rapport au taux réel. Dans le contexte ici le taux qu'on dit réel est en fait le taux obtenu par le calcul plus haut. Le taux de change du marché est d'environ CHF 1,02 pour USD 1.-. Comparer à l'indice, le franc suisse est surévaluée de 33,4 %!

Limites

Il existe à travers le monde des barrières commerciales élaborées par les gouvernements de chaque pays afin de protéger son marché local et ceci malgré l'intervention d'organismes telle l'Organisation mondiale du commerce. Enfin le goût des consommateurs varie d'un pays à l'autre ce qui fait fluctuer le niveau de la demande du bien.

Plus d'informations sous http://www.economist.com/content/big-mac-index

232. CROISSANCE ÉCONOMIQUE

La croissance économique est l'accroissement *durable* et généralisé de la production d'une économie. Il ne faut donc pas confondre la croissance avec l'expansion ou la prospérité de l'économie. L'expansion est caractérisée par une hausse de la production pendant une courte période. Il s'agit alors de la conjoncture d'un pays dont nous parlerons plus tard.

Il existe deux principaux facteurs de croissance: l'accroissement de la population et le progrès technique. L'accroissement de la population engendre une augmentation de la demande. Le progrès technique permet une augmentation de la productivité (machines) et des innovations. Cela engendre une augmentation de la demande (biens d'équipement). Une meilleure utilisation des facteurs de production permet également d'engendrer de la croissance (grâce par exemple à la restructuration du travail*). Il est évident que la croissance se traduit par une augmentation de la consommation dans le pays.

Selon l'économiste américain Rostow, la croissance économique se déroule en cinq étapes: en partant d'une société traditionnelle, il faut des conditions préalables au démarrage économique, puis survient le take-off (augmentation de l'investissement), la marche vers la maturité est alors enclenchée et tend vers une consommation de masse. Selon les économistes classiques, la croissance est due plutôt à un mélange entre le capital investi et le travail. Cobb-Douglas a modélisé une fonction permettant de déterminer la production d'une entreprise à partir de ces deux facteurs. Le problème reste à savoir comment y inclure le progrès technique, facteur clé de la croissance. Pour l'économiste autrichien Schumpeter, la croissance se développe surtout grâce aux entrepreneurs car il innove, ce qui permet de créer des richesses et donc de la croissance. L'innovation se reflète alors par une amélioration du progrès technique (réorganisation du travail, évolution de la consommation, …).

Comme nous le verrons plus loin, le contraire de la croissance est la dépression qui se caractérise par une diminution de la consommation, de l'investissement, de l'emploi sur le long terme. Ces phases de récessions ont plusieurs causes et nous allons nous y intéresser en parlant de l'actualité.

Evolution du PIB de la Suisse

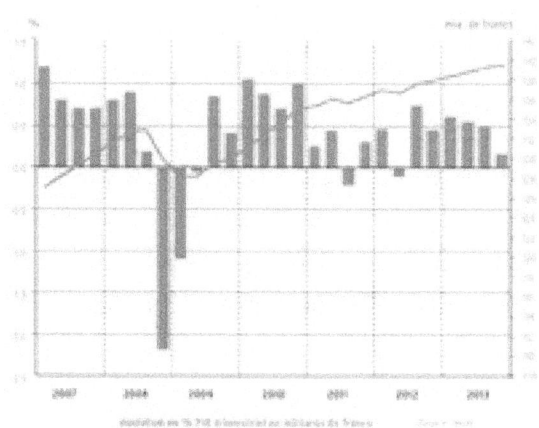

Croissance du PIB (en %)

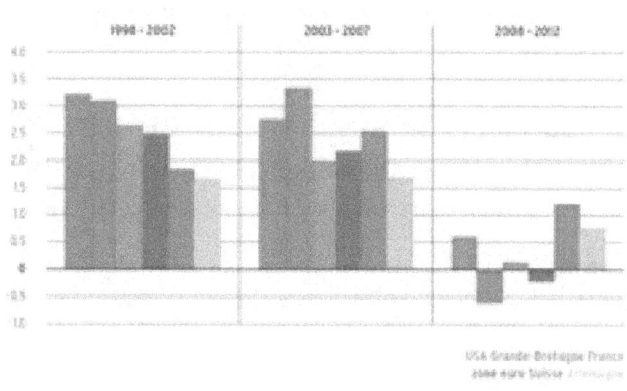

Prenons l'exemple de la Suisse. Pendant les années 80, le pays a connu une phase de croissance généralisée. Lors des années 90, suite à la restructuration de l'économie, la Suisse entre en récession. La situation se stabilise dans les années 2000 et s'ensuit la crise de 2008 qui touche tous les pays occidentaux.

Une vidéo illustre ces concepts:

Croissance : https://youtu.be/_GB-DLD7lRo

CALCULER L'INFLATION

Il est possible de calculer le taux de croissance du PIB pour avoir une indication de l'évolution économique du pays.

(PIB ANNÉE 2 - PIB ANNÉE 1) / PIB ANNÉE 1

Le problème qui subsiste est que la croissance du PIB peut, dans certain cas, ne rejeter qu'une variation des prix. En effet, si les prix augmentent, le PIB va également augmenter alors qu'il n'y a aucune nouvelle consommation. Il s'agit du phénomène de l'inflation dont nous parlerons plus tard. Il faut donc être capable de calculer le PIB à prix constant afin de déterminer l'effet quantité. Pour ce faire, il faut "déflater" le PIB en tenant compte de l'indice des prix à la consommation (calcul de la valeur réelle).

PIB NOMINAL = PIB RÉEL X DÉFLATEUR

Exemple: évolution du PIB en Suisse (CHF'000, IPC 100 en 2010)

PIB 2013 :   635   IPC N   :   99.1   —>   100.0

PIB 2014 :   642   IPC N+1 :   99.0   —>   99.9

Taux de croissance nominal = (642 - 635) / 635 = 1.1 % (progression du PIB à prix courant)

PIB nominal N déflaté de l'indice N+1 = 635 x 99.9 / 100 = 634 (valeur arrondie)

Taux de croissance réel = (642 - 634) / 634 = 1.3 % (progression du PIB à prix constants)

On constate ainsi que le taux de croissance de la Suisse légèrement en deçà de 2% alors que les pays émergents (Brésil, Russie, Inde, Chine et Afrique du Sud) réalisent des scores supérieur (ces pays sont dans le take-off décrit par Rostow). L'explication est que les investissements réalisés dans ces pays augmentent fortement le PIB, alors que les préoccupations conjoncturelles en Suisse impliquent une croissance très différente.

233. DÉRÈGLEMENT MONÉTAIRE

La conjoncture économique représente l'état de santé de l'économie. Elle fluctue et passe par quatre phase, différente: expansion, haute conjoncture, récession et basse conjoncture. Le passage de la phase d'expansion à celle de basse conjoncture forme le "cycle conjoncturel". Le système capitaliste a permis aux pays développés d'accroître considérablement leur niveau de vie durant les 150 dernières années. L'économie de marché moderne s'impose comme le système économique offrant les meilleures garanties de croissance, toutefois sa bonne marche est régulièrement perturbée par des dysfonctionnements monétaires graves qui affectent sa capacité à croître et touche chaque individu personnellement. Le dérèglement le plus fréquent se nomme "inflation", le plus surprenant "stagflation" et le plus grave est la "déflation".

INFLATION

L'inflation peut être défini comme la hausse durable du niveau général des prix. L'augmentation doit concerner la majorité des biens et services, ainsi l'augmentation du prix des boissons rafraîchissantes durant les festivals de l'été ne peut être considérée comme phénomène inflationniste. Cela se traduit dans les faits par une diminution du pouvoir d'achat de la monnaie, ce qui signifie qu'il faut plus d'argent pour acheter la même quantité de biens ou de services. Où autrement dit qu'avec la même quantité d'argent on peut se procurer une quantité inférieure de biens ou de services.

Mesure de l'inflation

En Suisse c'est l'indice des prix à la consommation (IPC) qui fournit les renseignements les plus sérieux sur les variations des prix des biens et services. Chaque mois, il permet la mesure de l'évolution des prix des diverses marchandises et services représentatifs de la consommation des ménages privés. Véritable baromètre du renchérissement, il est couramment utilisé pour indexer les salaires, les rentes AVS, différents tarifs, et en partie les loyers. Il sert également comme base de référence dans les comparaisons internationales.

Les différentes formes d'inflation

Durant les 50 dernières années, l'amélioration constante de la qualité des biens et des services a entraîné une hausse régulière de leur prix. Tant que cette hausse est inférieure à 2 %, on considère cette dernière comme normale et sans réel danger pour l'économie. Au delà de cette limite, l'inflation est prise très au sérieux.

On parle d'inflation stagnante lorsque la hausse des prix ne dépasse pas 5 % par an (0,6 % pour la Suisse en 2003) Entre 5 et 10 % on dit de l'inflation qu'elle est déclarée (7,8 % en Slovaquie pour 2003) et elle devient galopante lorsqu'elle atteint des chiffres à deux nombres. (12 % en Russie en 2003). Enfin quand la hausse des prix n'est plus maîtrisée, on se trouve dans une situation catastrophique caractérisée par le terme d'hyperinflation (170 % en Biélorussie en 2000, 7000 % au Brésil en 1994 et 20000 % en Bolivie en 1985)

Les causes de l'inflation

Fondamentalement ce phénomène est du à une rupture de l'équilibre entre offre et demande d'un produit ou ensemble de produits qui jusqu'alors fixait le prix du marché. Cette rupture peut-être le résultat d'une diminution de l'offre (grève, mauvaises récolte, guerre, etc.) ou d'une augmentation de la demande (hausse de revenus sans augmentation correspondante de l'offre de biens et services, octroi démesuré de crédit, masse monétaire en circulation trop importante, etc.) Dans les deux cas, la demande est supérieure à l'offre, le nouveau prix sera toujours supérieur à l'ancien.

L'explication du phénomène inflationniste n'est pas aisée, car les causes sont rarement imputables à un seul et unique facteur. Voici une brève explication des principaux éléments qui sont susceptibles d'être mis en jeu.

L'inflation par la demande

Lorsque la demande augmente, deux possibilités apparaissent :

1. Les producteurs peuvent augmenter l'offre de produit (offre élastique, sous-capacité de production). Dans ce cas, l'augmentation de la demande n'a pas d'influence sur le prix, seul le volume échangé augmentera.

2. Les producteurs ne peuvent augmenter l'offre. (offre inélastique ou capacité de production utilisée à 100 %). Les vendeurs ne se priveront pas d'augmenter leurs prix puisqu'il se trouvera toujours assez de consommateurs pour acheter plus cher. Le volume restera inchangé, seul les prix varieront à la hausse.

Une augmentation de la demande peut provenir de divers bouleversements :

• Augmentation de la consommation des ménages due à une forte et soudaine immigration.

• Reprise d'habitude de consommation après une période de privation ou d'épargne.

• Augmentation des investissements privés à la suite de progrès techniques.

• Hausse des dépenses publiques dans le cadre d'un programme de civil ou militaire.

L'inflation par les coûts

Les coûts de production jouent un rôle primordial dans la fixation des prix des biens et des services. Toutes augmentations de salaire, de loyer, d'impôts et du prix des matières premières importées, etc. – associée au désir de l'entreprise de maintenir sa marge de profit -, peut entraîner une hausse générale des prix.

L'inflation par l'offre de monnaie

Si la masse monétaire en circulation dans un pays augmente de façon non contrôlée, les consommateurs disposeront de plus d'argent pour leur consommation. Leur demande de biens et services va donc augmenter. Comme la production ne peut pas être adaptée dans le court terme, il y aura adaptation du niveau des prix.

L'augmentation de la masse monétaire peut avoir plusieurs origines :

* Apport d'argent extérieur (afflux massif d'or durant la période "mercantiliste" en Espagne qui a provoqué une hausse des prix dans le pays et ensuite en Europe)

* Taux d'intérêt bas ou conditions d'octroi de crédit souples. (Suisse dans les années 88-90)

* L'Etat crée de la monnaie (période de crise, guerre, etc.). Il est facile de créer de la monnaie pour financer des dépenses courantes ou un effort de guerre.

Les conséquences de l'inflation

L'inflation se manifeste principalement par une baisse du pouvoir d'achat des acteurs économiques (perte de valeur de la monnaie nationale). Elle favorise le débiteur qui voit la valeur de sa dette diminuer au fil des années. Par contre, elle défavorise le créancier à qui ont remboursera une somme d'argent dans une monnaie qui aura perdu une partie de son pouvoir d'achat.

Sur le plan **politique**, on observe que toute période de grave inflation a été suivie de grand bouleversements politiques et sociaux (effondrement du mark allemand en 1923 à rendu possible l'avènement du III Reich).

Sur le plan de **l'épargne**, l'inflation agit comme le soleil sur la neige. Pourquoi mettre de l'argent de côté qui va perdre sa valeur ? les ménages sont alors tenté de dépenser immédiatement leurs revenus. Pourtant nous avons vu avec Calvin que sans épargne il n'y a pas d'investissement, que sans investissement il n'y a pas de progrès technique, social et économique ; la croissance diminue, la crise et le chômage menacent.

Sur le plan de la **consommation**, La hausse des prix incite les ménages à la consommation immédiate de biens et de services sans forcément que cela réponde à la satisfaction d'un besoin. Ainsi on évite les hausses de prix, mais cette consommation anticipée conduit à des gaspillages énormes et reste un des meilleurs moyens de précipiter l'inflation.

<u>Les mesures de lutte contre l'inflation</u>

Notre expérience de vient nous montre qu'un pays peut supporter durablement une bonne dose d'inflation. Mais cela est un réel danger. Une fois la spirale inflationniste déclenchée elle continue sont propre mouvement. La hausse des prix entraîne la hausse des salaires qui entraîne à son tour la hausse des prix..... Il est donc primordial de contenir ce phénomène dans des limites acceptables pour l'ensemble des acteurs économiques. Voici rapidement énoncé quelques moyens à la disposition de la lutte contre l'inflation.

Le blocage des prix

C'est un moyen tentant qui s'il était appliqué permettrait de vaincre l'inflation. Pourtant dans un système d'économie de marché il est impossible de contrôler l'ensemble des prix de tous les biens et services.

L'intervention de la banque centrale

C'est à la banque centrale de réduire la masse monétaire trop importante. Une réduction de l'argent disponible à la consommation freine la frénésie d'achat et ralentit ou bloque tout phénomène inflationniste. En rendant l'argent plus rare, on le rend également plus cher (taux d'intérêt augmente). Une trop forte et rapide correction de l'argent en circulation peut également avoir des conséquences graves pour l'économie d'une nation. Si les investissements deviennent trop chèrs, il y en aura de moins en moins, bloquant petit à petit l'activité économique, la récession s'installe et la crise menace. (risque de chômage augmente)

La politique budgétaire et fiscale

Une diminution des dépenses de l'Etat comporte les mêmes risques que ceux inhérents au blocage de la monnaie. Moins d'investissements publiques créé moins de marchés pour les entreprises, donc moins d'activités et à terme plus de chômage.

LA STAGFLATION

la théorie économique associe généralement l'inflation avec unes situation de plein emploi ou l'offre de biens et de services n'arrivent pas à satisfaire une demande croissante. La montée des prix est donc la réponse d'une économie en "surchauffe". Au contraire, la baisse des prix résulte d'une situation de crise caractérisée par une offre surabondante, une faible activité économique et un taux de chômage élevé.

En théorie chômage et inflation ne cohabite normalement pas au sein d'une même économie. Pourtant de nombreux pays on connu au cours des dernières années une situation d'inflation combinée avec un taux de chômage important. Pour qualifier cette situation conjoncturelle particulière, les économistes on inventé un nouveau termes :

STAGNATION + INFLATION = STAGFLATION

Ce phénomène fût observé la première fois aux USA durant les années de crises 1957-1958. Dans les années 70, tout les pays industrialisés ont vécu cette situation.

Les méthodes de lutte contre la stagflation sont extrêmement difficiles à mettre en place avec succès. En effet, une politique restrictive de lutte contre l'inflation risque à terme d'augmenter le nombre de chômeurs. Si l'on veut s'attaquer au chômage, alors la politique de relance nécessaire ne fera qu'attiser l'inflation. En général, on privilégie l'action contre l'inflation dans un premier temps en omettant la problématique du chômage. Les effets de l'inflation sont tellement dévastateur pour une économie qu'il est jugé préférable de la combattre en priorité.

LA DÉFLATION

Elle peut être définie comme une baisse générale durable des prix au sein d'une économie. Elle est de loin le dérèglement économique le plus grave. Elle intervient à partir du moment où la demande s'affaiblit durant une période prolongée. Les consommateurs et les entrepreneurs adoptent alors une attitude déflationniste, ils sont convaincus que les prix vont continuer de baisser. Ils retardent ainsi leurs achats et leurs investissements. La demande diminue et les prix baissent effectivement, suivis par la diminution des salaires. L'absence de consommation entraîne une diminution de la production avec à terme une augmentation du chômage.

Elle peut être une conséquence d'un manque de liquidité en circulation ou à une perte de confiance des acteurs économiques les conduisant à faire la "grève de la consommation". Pour soutenir l'économie de marché, l'Etat doit mener une politique interventionniste (comme le préconisait M. Keynes) afin de soutenir les secteurs d'activités en difficultés. C'est la seule possibilité de relancer une économie tournant au ralentit.

Il est évident que la banque centrale devra, de façon coordonnée, augmenter la masse monétaire en circulation dans le pays (diminution du prix de l'argent qui permettra de stimuler les emprunts et de "fouetter" la consommation).

234. CYCLE ÉCONOMIQUE

LES QUATRE PHASES

1. Du creux jusqu'à la reprise

Nous commencerons notre examen du cycle économique lorsque celui-ci est à son plus bas (creux). Durant cette phase, le PIB et la quantité de production industrielle baissent et le chômage augmente. Cette situation induit souvent à une augmentation de la productivité et à une baisse des salaires (réduction des coûts), tendant ainsi à faire baisser l'inflation. A ce stade, la pression en faveur d'une baisse des taux d'intérêt augmente et le gouvernement va essayer d'encourager l'emprunt et les dépenses en assouplissant sa politique monétaire.

A mesure que les taux d'intérêt baissent - l'argent devient moins cher - les emprunts et dépenses vont commencer à augmenter. La baisse des taux d'intérêt va en parallèle réduire la valeur de la monnaie. En effet, les investisseurs vont vendre cette devise et placer leurs fonds dans des actifs dans des devises qui offrent un taux d'intérêt plus élevé. La baisse de la valeur de la monnaie va rendre le pays plus compétitif sur les marchés d'exportation. Au même moment, le chômage va créer des pressions à la baisse sur les salaires jusqu'à ce que, à un certain point, les salaires soient suffisamment bas pour encourager les entreprises à embaucher de nouveau.

La baisse des prix, cumulée au faible coût de l'emprunt, finira par engendrer une augmentation de la demande globale. L'économie sera entrée dans sa phase de reprise.

2. De la reprise jusqu'à l'expansion

L'économie est maintenant sur une pente ascendante avec une hausse des emprunts et des dépenses de la part des entreprises et des ménages, une baisse du chômage, et donc une augmentation de la demande.

3. De l'expansion jusqu'au sommet

Alors que la croissance revient, la confiance du consommateur croît, le sentiment de "bien-être" revient en force et des pressions inflationnistes commencent à émerger.

Dans ces circonstances, l'économie court le risque de "surchauffe" et le gouvernement essaiera de contrer les pressions inflationnistes en cherchant à augmenter les taux d'intérêt. Encore une fois, le marché lui même créera des pressions à la hausse sur les taux à mesure que la demande de crédit (pour de l'argent emprunté) augmente.

4. Du sommet jusqu'à la contraction

Avec la montée des taux d'intérêt, à un moment donné, le sentiment de confiance disparaîtra, les emprunts et les dépenses commenceront à baisser. Dans ces circonstances, l'épargne (de précaution) augmentera. L'augmentation des taux d'intérêt se traduira aussi par une augmentation de la valeur de la monnaie et une baisse de la compétitivité sur les marchés d'exportation. Au même moment, l'inflation - tout en créant une incertitude financière pour les entreprises - alimentera des demandes en matière de salaire dans l'attente d'une augmentation des prix, ce qui contribuera à nourrir l'inflation et, cumulé à l'augmentation du coût de la dette des entreprises et la baisse dans la compétitivité des exportations, pourra amener au chômage.

L'économie est maintenant sur une pente descendante avec une baisse des dépenses et des emprunts faits par les entreprises et les particuliers, une augmentation du chômage, et donc une baisse de la demande. Et le cycle reprend...

```
| Croissance réelle                              |        .
|                 .  -  . <- haute conjoncture/crise  |      .
|        .        |      .      |                 |     .
|     .           |          .  | croissance/inflation ->.
|   .             |           . |                 |  .
| .               |             . |               |  .
|.                |            .| recession | reprise |.
|----------------|--------------.----------|---------.------> t
|   expansion      surchauffe |.         |      .|
|     (2)            (3)       .    (4)   | (1) . |
|                             |      .   |     . |
|                                      .  _  . |


| Taux d'intérêt              . - .
|                          .  long  .
|              |          . _ . _  .  |
|              |       .  .  court  .  . |
|              | .   |           . . |
|---------------.-------------|---------.----------------> t
|          .   |             |      | .
```

235. TENDANCES CONJONCTURELLES ACTUELLES

source: secrétariat d'Etat à l'économie

SURVOL (AUTOMNE 2015)

Suite à l'importante appréciation du franc suisse, à la mi-janvier, la croissance économique de la Suisse est restée pratiquement figée durant le premier semestre de 2015. L'absence de véritables tendances récessives apporte néanmoins une note positive. Pour autant que l'économie mondiale puisse continuer sur sa lancée, celle d'une croissance modérée, le Groupe d'experts de la Confédération table sur une légère accélération de la croissance en 2016. L'économie suisse connaîtrait alors, deux années durant, une croissance bien au-dessous de son potentiel.

Economie mondiale

L'économie mondiale a maintenu sa dynamique de croissance modérée au cours du premier semestre. On observe cependant de plus en plus d'écarts entre pays industrialisés et pays émergents. Grâce à la politique monétaire expansive et à la faiblesse de l'euro, la zone euro a réussi à poursuivre sa reprise modérée. Aux Etats-Unis, la croissance du PIB a accéléré après avoir connu un début d'année plutôt mitigé. En revanche, la dynamique s'est affaiblie dans certains grands pays émergents. En Chine, un ralentissement structurel de la croissance vient renforcer les craintes d'une récession économique. La faiblesse des prix des matières premières et les incertitudes politiques pèsent lourdement sur des pays tels que le Brésil et la Russie. L'Inde maintient, quant à elle, son rythme de croissance dynamique.

Cadre monétaire

Début septembre, le franc a atteint son niveau le plus faible par rapport à l'euro depuis l'abandon du cours plancher. Au cours des derniers mois, les marchés financiers ont fait preuve d'une forte volatilité, notamment en raison de la hausse attendue des taux d'intérêt aux Etats-Unis et en Grande-Bretagne.

L'ÉCONOMIE PAYS PAR PAYS

Suisse

La forte appréciation du franc, à la mi-janvier, a eu un impact considérable sur la conjoncture en Suisse. Durant le premier semestre 2015, la croissance a été pratiquement nulle. Des impulsions positives sont venues de la demande intérieure, tandis que les exportations reculaient. L'impact du franc fort a été particulièrement fort sur l'évolution des prix. A l'instar des prix des exportations et des importations, les prix à la consommation et à la production intérieure ont fortement baissé au cours de l'année.

Le Groupe d'experts de la Confédération prévoit une croissance du PIB de 0,9% (prévisions de juin 2015: 0,8%) pour 2015 et de 1,5% (prévisions de juin 2015: 1,6%) pour 2016. Par conséquent, l'économie suisse ne devrait pas reculer, mais connaître pendant deux ans une dynamique de croissance au-dessous de son potentiel. La condition essentielle à une amélioration de la situation économique est que la conjoncture internationale poursuive sa relance, en particulier la zone euro.

Sur le marché du travail, l'emploi a continué de progresser au 2e trimestre, mais uniquement dans le secteur des services. Les prévisions de croissance de l'emploi annoncent une hausse de 0,9% en 2015 et de 0,8% en 2016. Le taux de chômage, corrigé des variations saisonnières, a de nouveau légèrement augmenté depuis février 2015. Le Groupe d'experts prévoit pour 2015 un taux de chômage inchangé, de 3,3% en moyenne annuelle, et pour 2016 de 3,6% (après correction de ses prévisions de juin qui annonçaient 3,5%) en raison de la lenteur de la reprise économique attendue.

Depuis la mi-janvier, l'appréciation du franc suisse a influé fortement sur plusieurs prix (prix à la production, à l'importation, à l'exportation et à la consommation). La tendance à la baisse des prix à la consommation s'est poursuivie jusqu'en août. La prévision de l'évolution des prix à la consommation annonce -1,1% en 2015 et 0,1% en 2016 (pronostics respectifs de juin: -1,0% et 0,3%).

Etats-Unis

Après un premier trimestre médiocre au cours duquel son PIB n'a progressé que de 0,2%, encore que les premières estimations tablaient sur un léger recul, l'économie des Etats-Unis a enregistré une croissance de 0,9% au 2e trimestre. De ce fait, beaucoup d'économistes ont vu leurs attentes surpassées. Cette accélération est en outre largement étayée. Si la consommation privée a livré une importante contribution à la croissance (+0,5%), les investissements bruts des secteurs privé (+0,2%) et public (+0,1%) l'ont, eux aussi, stimulée. Après avoir subi, au 1er trimestre, un recul notamment dû à la longue grève qui a touché les principaux ports de la côte ouest, les exportations ont toutefois enregistré une légère augmentation au 2e trimestre, en dépit du cours relativement élevé du dollar. Simultanément, les importations ont diminué, quoique dans une moindre mesure qu'au trimestre précédent. Ainsi, le commerce extérieur a finalement contribué, lui aussi, à la croissance du PIB. En ce qui concerne le second semestre, les perspectives restent favorables. Tandis que l'effet négatif de la baisse des investissements dans le domaine des installations pétrolières devrait se dissiper, on s'attend à une nouvelle progression des dépenses de consommation des ménages privés et à une reprise des investissements dans la construction. En outre, l'indice des directeurs d'achat de l'industrie américaine évolue au-dessus du seuil de croissance de 50 points; il annonce donc une expansion, quoique d'un niveau légèrement inférieur à celui des deux mois précédents.

L'amélioration de la conjoncture se fait sentir également sur le marché du travail. Depuis le début de l'année, plus de 200'000 emplois supplémentaires ont été créés chaque mois. En août, ce sont environ 170'000 nouveaux emplois qui ont été pourvus, soit un peu moins qu'attendu. En même temps, le taux de chômage a atteint 5,1%, ce qui représente non seulement le taux le plus bas depuis la crise financière, mais également un niveau souvent considéré, pour les Etats-Unis, comme naturel (c.-à-d. indépendant de la conjoncture). Les données actuelles concernant le marché du travail pourraient ainsi plaider en faveur d'un revirement dans la politique des taux de la Fed, une mesure que certains observateurs attendaient pour mi-septembre. L'estimation du taux de chômage naturel s'accompagne toutefois d'importantes incertitudes et celui-ci pourrait bien s'être réduit au fil du temps, ce que laisse supposer, notamment, la part du facteur travail à la valeur ajoutée.[1] En moyenne, environ 70% de la valeur ajoutée produite aux Etats-Unis de 1949 à 2001 a servi au versement de salaires. Ce taux, qui a rapidement diminué au cours des années suivantes, ne se situe plus, depuis 2010, qu'à environ 63%. Un tel recul pourrait s'expliquer par un affaiblissement de la position des travailleurs dans les négociations, ce dont témoigne égale- ment la timidité actuelle de l'évolution des salaires. On pourrait donc s'attendre à ce que le taux de chômage naturel ait aussi diminué. Il serait dès lors prématuré, du moins du point de vue du marché du travail, de relever les taux d'intérêt en septembre déjà.

Zone euro

Dans la zone euro, l'amélioration lente, mais constante, des derniers trimestres se poursuit comme attendu. Au 2e trimestre 2015, le PIB réel, en valeur désaisonnalisée, a gagné 0,4% par rapport au trimestre précédent. En évolution annuelle, le PIB a progressé de 1,5%. Au 2e trimestre, par comparaison avec le trimestre précédent, des contributions positives ont été livrées par la consommation privée (+0,2%), la consommation publique (+0,1%), et le commerce extérieur (+0,3%). En revanche, la formation brute de capital a livré une contribution légèrement négative (-0,1%). Si les bas prix du pétrole, la faiblesse de l'euro et la politique monétaire expansive de l'UE continuent de la favoriser, la croissance dans la zone euro est toutefois ralentie du fait des incertitudes qui pèsent sur l'avenir de la conjoncture en Chine et des problèmes structurels, parfois graves, dans lesquels sont empêtrés certains pays européens, dont la Grèce. Pour ce qui est de la crise que connaît ce pays, l'actuelle accalmie, momentanée, ne saurait faire oublier que la Grèce demeure surendettée et grevée par son manque de compétitivité.

La constante amélioration que connaît la zone euro se reflète aussi dans l'optimisme des entreprises: en août, l'indice des directeurs d'achats de l'industrie est resté quasiment inchangé en comparaison à juillet, où il pointait légèrement au-dessus du seuil de croissance de 50 points. Une légère accélération de la croissance s'annonce pour les prochains trimestres dans la zone euro.

Situation en Grèce

Le 13 juillet, la Grèce et ses créanciers européens sont parvenus à un accord. Dans ce contexte, outre des crédits de transition à court terme, Athènes s'est vu octroyer une nouvelle série de prêts. De facto, cet accord a permis d'éviter un effondrement du système financier grec et d'assurer provisoirement le maintien du pays au sein de l'union monétaire. Cependant, la problématique de la dette grecque n'est aucunement résolue. Passant de 103% à 177% du PIB entre 2007 et 2014, l'endettement de l'Etat grec a considérablement augmenté durant cette période (graphique 4). Durant les dernières négociations concernant le nouvel ensemble de prêts, la question de la soutenabilité de la dette grecque a acquis un caractère d'urgence sans précédent. En mai de cette année, le FMI conjecturait encore que le ratio de la dette grecque pourrait retrouver dès 2022 le niveau qui était le sien en 2008, pour autant que les réformes nécessaires soient mises en œuvre rapidement. L'estimation actualisée présentée en juin était déjà moins optimiste, mais prévoyait néanmoins une certaine normalisation.

A la mi-juillet, les pronostics concernant la dette grecque ont à nouveau été révisés en profondeur. Selon ces calculs, il faut s'attendre à une nouvelle hausse du ratio de la dette, susceptible de grimper à 200% du PIB en 2017 et jusqu'à 220% en 2022.2 Compte tenu de ces résultats, de nombreux économistes prévoient que la restructuration de la dette grecque est inévitable à moyen terme. Du côté des partenaires européens, une remise de la dette nominale a été provisoirement exclue. De nouveaux allégements concernant les délais de remboursement ou les taux d'intérêt pourraient probablement encore être envisagés.

BRIC

Chine

Durant l'été, la Chine a fait les grands titres des médias, principalement en raison des fortes corrections intervenues au niveau boursier. S'il en est résulté, surtout pour les petits investisseurs chinois, de douloureuses pertes de revenus, ces mouvements boursiers ne sont pas le signe précurseur d'un crash de l'économie réelle. A l'heure actuelle, quelques indicateurs, comme le Sales Managers Index, signalent un ralentissement de la dynamique économique. Cependant, le ralentissement conjoncturel en Chine s'explique en majeure partie par une mutation structurelle qui pourrait aboutir à une croissance certes plus faible, mais aussi plus durable et comportant moins de risques.

En trois décennies, la Chine a réussi, par un remarquable processus de rattrapage, à atteindre une croissance économique annuelle de l'ordre de 10% en moyenne, soutenue par d'importants investissements et une forte activité d'exportation, mais profitant également d'une monnaie relativement faible. L'importance du pays pour le développement économique global s'est ainsi énormément accrue: alors que la part de la Chine au PIB mondial était encore inférieure à 3% en 1980, elle en représente aujourd'hui plus de 13%. Dans l'intervalle, les échanges commerciaux de la Chine avec le reste du monde se sont intensifiés. Mais depuis quelques années, la dynamique économique du pays est un peu essoufflée et les taux de croissance de la Chine, depuis 2011, ont toujours été inférieurs à 10%. En 2014, le PIB s'est accru de 7,4%, taux de croissance le plus bas depuis 20 ans, et l'on s'attend, pour 2015, à un taux de l'ordre de 6,5% environ.

La contribution à la croissance, qui tient compte à la fois du taux de croissance et de la part du pays à la croissance globale, a elle aussi rapidement augmenté au cours des dernières décennies et devrait encore s'accroître à l'avenir.

Autres pays émergents

Du côté des autres grands pays émergents, le tableau est contrasté. En Russie, la situation reste très critique. Les bas prix du pétrole et du gaz et les sanctions liées à la crise ukrainienne ont plongé le pays dans une récession que certaines faiblesses structurelles préexistantes contribuent à aggraver. Pour l'année en cours, le FMI prévoit un recul de 3,4% du PIB russe. La demande intérieure subit les effets de la diminution des salaires réels, de l'augmentation des coûts du capital et de la baisse de confiance. L'année prochaine, la croissance économique pourrait lentement reprendre. Quelques facteurs sont toutefois peu propices à une forte reprise, notamment le recul démographique et la nécessité de vastes réformes. Au Brésil également, outre la baisse des prix des matières premières, des faiblesses structurelles préexistantes sont dénoncées comme causes de la récession. Alors qu'il avait déjà baissé de 0,7% au 1er trimestre, le PIB du Brésil a encore chuté de 1,9% au trimestre suivant. En 2014 déjà, l'économie brésilienne n'avait pratiquement plus progressé. En Inde, par contre, le PIB a enregistré au 2e trimestre une croissance de 7,0% en rythme annuel. Malgré ce taux de croissance remarquable, le développement reste donc inférieur à celui enregistré au trimestre précédent et en-deçà des attentes.

RISQUES OBSERVÉS

Les risques liés à l'économie mondiale ont quelque peu augmenté ces derniers mois en raison du fort ralentissement observé dans les pays émergents. L'économie suisse serait affectée si la crise dans laquelle se trouvent les grands pays émergents s'aggravait ou si les pays industrialisés étaient à nouveau gagnés par un mouvement baissier. La crise grecque, bien que provisoirement endiguée, comporte toujours le risque de susciter de nouvelles incertitudes quant à la stabilité de l'union monétaire.

Au cours des dernières années, outre la politique monétaire, plusieurs décisions, notamment en matière d'investissement et d'implantation, ont accentué le climat d'incertitude qui régnait déjà sur l'économie. Dans ce contexte, on mentionnera également deux points qui restent à élucider: la future réglementation en matière d'immigration et l'avenir des accords bilatéraux avec l'UE.

En revanche, il y a des chances pour que la conjoncture évolue plus positivement que prévu. Compte tenu de l'évolution observée au cours du premier semestre 2015 et bien que certains secteurs aient été mis fortement sous pression, l'économie dans son ensemble fait preuve d'une certaine résilience. A l'heure actuelle, la situation du cours de change s'est encore légèrement détendue et plusieurs indicateurs conjoncturels importants se sont stabilisés.

Prix des matières première

Après une légère reprise au 1er semestre, le prix du pétrole a continué de chuter ces semaines passées, si bien que le Brent de la mer du Nord, par exemple, s'est retrouvé momentanément coté à moins de 50 dollars US le baril (graphique 7). L'érosion constante des prix est attribuée en majeure partie à des facteurs liés à l'offre. Ainsi, malgré le faible niveau des prix, les pays membres de l'OPEP n'ont pas pris de décision ferme quant à réduire la quantité d'extraction. Les analystes y décèlent une stratégie délibérée: tandis que, par le passé, le prix était tiré vers le haut, quitte à réduire la production, ce qui prime actuellement est de maintenir ses parts de marché et d'éliminer ses concurrents. Toutefois, dans les pays de l'OPEP eux-mêmes, la faiblesse actuelle du prix du pétrole ne passera pas sans laisser de traces. Selon les médias, le délégué du Venezuela, dont l'économie est particulièrement concernée, a suggéré au début de septembre la tenue d'une conférence extraordinaire de l'OPEP. Sa proposition a essuyé un refus de l'Arabie saoudite, qui dispose de champs pétroliers assez facile- ment accessibles, profite donc de coûts d'extraction particulièrement bas et, ces derniers mois, a augmenté sa production et construit de nouvelles tours de forage. Néanmoins, le bas prix du pétrole fait aussi sentir ses effets sur les finances publiques du royaume qui prévoit pour 2015 un déficit budgétaire, le premier depuis de nombreuses années.

Mais d'autres pays exportateurs de pétrole contribuent eux aussi à l'excédent actuel de l'offre. La Russie, par exemple, a poursuivi sa production de pétrole en dépit des faibles prix de vente et sans se laisser impressionner par les sanctions occidentales. Aux Etats-Unis, bien que la production journalière soit actuellement ralentie, son niveau demeure également élevé. De plus, l'arrangement passé avec l'Iran, membre de l'OPEP, sur la question nucléaire ouvre des perspectives de reprise, par l'Iran, de ses exportations de pétrole, annonçant un nouvel accroissement de l'offre pétrolière au niveau mondial. A cela s'ajoute, du côté des acheteurs, un affaiblissement général de la demande de produits pétroliers en corrélation avec le ralentissement de la croissance en Chine. Au final, d'après les prévisions actuelles, le prix du pétrole devrait se maintenir à un bas niveau dans un proche avenir, malgré la hausse sensible survenue au début de septembre, que l'on interprète comme une conséquence directe des mouvements sur les marchés financiers. La plupart des prix des métaux et des produits agricoles ont connu ces derniers mois une évolution similaire, quoique moins prononcée; sur les marchés de ces matières premières, on constate, là aussi, qu'une offre généralement importante bute sur une demande plutôt frileuse.

Politique monétaire

L'environnement monétaire se caractérise depuis quelques mois par une grande volatilité sur les marchés financiers mondiaux. Les raisons de cette volatilité sont notamment la crise de la dette grecque, la forte correction boursière en Chine, la morosité des perspectives de croissance de certains des plus importants pays émergents et le revirement attendu des taux d'intérêt aux Etats-Unis et en Grande-Bretagne. Tandis que la Banque centrale européenne (BCE) envisage de poursuivre son programme d'achats d'obligations (quantitative easing, QE), la Banque nationale suisse (BNS) s'en tient à sa politique de taux négatifs. Les monnaies de la plupart des pays émergents se sont dépréciées depuis le début de l'année, le dollar a encore pris de la valeur et, au début de septembre, le franc a atteint son niveau le plus bas par rapport à l'euro depuis l'abandon du cours minimal.

Les taux directeurs de la politique monétaire, à l'échelle internationale, sont extrêmement bas depuis plusieurs années ; jamais des niveaux aussi bas n'avaient été atteints auparavant (graphique 9). Par conséquent, si les banques centrales visent une politique monétaire encore plus expansive, elles sont obligées de recourir à des mesures non conventionnelles. La conjoncture mondiale restant difficile et compte tenu des taux d'inflation très bas dans les grandes zones monétaires, il pourrait s'écouler encore plusieurs années avant que la situation ne se normalise et que les taux directeurs retrouvent des niveaux historiques.

Abandonnant en janvier le taux plancher face à l'euro, la BNS a introduit des taux d'intérêt négatifs qui rétablissent l'habituel différentiel de taux par rapport aux autres zones monétaires et devraient diminuer l'attrait du franc comme monnaie refuge. Vu la situation conjoncturelle difficile que la Suisse connaît depuis lors et compte tenu de la politique monétaire de la BCE, qui reste très expansive, la BNS devrait encore s'en tenir pour quelque temps à sa politique de taux négatifs.

Au début de septembre, la BCE a annoncé qu'elle poursuivrait comme prévu, jusqu'à son terme fixé à septembre 2016, son programme d'achat d'obligations lancé en mars. Les prévisions en matière d'inflation et de croissance concernant la zone euro ayant été revues à la baisse en raison des bas prix du pétrole et d'une faible demande étrangère, la BCE pourrait même, le cas échéant, décider d'une prolongation du programme QE en cours.

Marché de l'emploi

L'emploi a de nouveau enregistré au 2e trimestre 2015 une nette progression, presque aussi forte que durant les deux trimestres précédents. Selon la statistique de l'emploi (STATEM), le volume de l'emploi a augmenté d'environ 9'200 postes (+0,3%) par rapport au trimestre précédent, sur une base corrigée des variations saisonnières et aléatoires. Par rapport au total de l'emploi, le choc du franc survenu à la mi-janvier n'a donc pas laissé de traces importantes sur le marché du travail.

La progression de l'emploi n'a cependant pas été égale dans le secteur secondaire (industrie manufacturière) et dans le tertiaire (secteur des services). Dans les années qui ont suivi la crise financière déjà, la croissance de l'emploi a été portée presque exclusivement par le secteur des services. Ainsi, alors que l'emploi a progressé de 14% entre le 1er trimestre 2006 et le 2e trimestre 2015, 12% proviennent du secteur tertiaire. La tendance divergente entre les deux secteurs est encore plus affirmée à l'heure actuelle. Au 1er semestre 2015, l'emploi total en Suisse s'est élevé à 3,6 millions d'équivalents plein-temps, environ 34'000 de plus en comparaison annuelle. Tandis que le secteur secondaire comptait quelque 400 personnes occupées de moins, en équivalents plein-temps, par rapport à l'année précédente, le secteur tertiaire en comptabilisait 34'400 de plus.

Prix

Après avoir observé en Suisse, en 2014, des taux de renchérissement presque constamment minimes voire nuls, on assiste, depuis début 2015, à une baisse considérable de l'indice national des prix à la consommation. En com- paraison annuelle, le renchérissement s'élevait encore à -0,5% en janvier ; mais il a chuté à -1,1% en avril et à -1,4% en août. Le taux de renchérissement mensuel de l'IPC a donc été a son niveau le plus bas depuis le début des années 80. Cette tendance à la baisse se reflète également dans l'inflation sous-jacente, qui se mesure sur la base de l'IPC total déduction faite de l'énergie et des produits frais et saisonniers. L'inflation sous-jacente, passée sous la barre du zéro depuis mars de cette année, s'est établie, en comparaison annuelle, à -0,7% en août.

3. MICROÉCONOMIE

31. L'offre et la demande

311. AJUSTEMENT DES PRIX

DEUX COURANTS

Nouvelle économie classique

"Les cycles s'expliquent par des chocs monétaires ou imprévisibles"

- Modèles macro issus des agents de la microéconomie
- Les agents maximisent leur utilité et anticipe de manière rationnelle (probabiliste)
- L'équilibre est librement atteint par un mécanisme d'ajustement des prix et des salaires.

Keynésienne (de John Keynes)

"Les récessions sont provoquées par les défaillances du marché"

- Les marchés s'équilibrent lentement à la loi de l'offre et demande
- Les salaires et prix ne sont pas flexibles mais visqueux (liés à des imperfections d'information)
- L'État intervient pour trouver les moyens d'améliorer le fonctionnement de l'économie

FORMATION DES PRIX

- Le marché est le lieu (réel ou virtuel) de rencontre entre l'offre et la demande d'un bien ou d'un service
- Le prix est le montant que l'on doit débourser lorsqu'on achète un bien ou un service

Hypothèse

Dans une économie de marché,
offre et demande dépendent du prix.

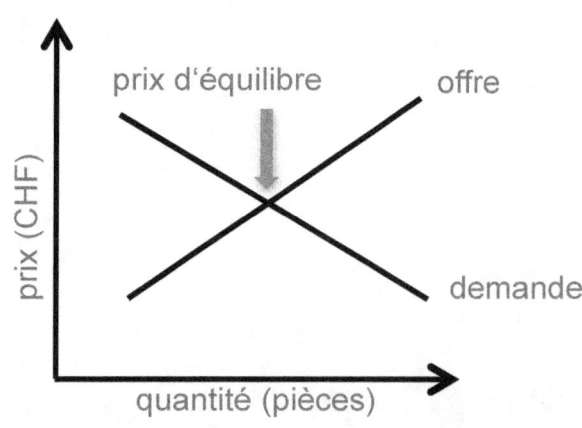

66

312. L'OFFRE ET LA DEMANDE

INTENTIONS D'ACHAT

Hormis la variation des quantités, la demande peut varier lorsqu'il y a variation d'un facteur autre que le prix de ce bien ou de ce service.

variation de la quantité demandée   variation de la demande

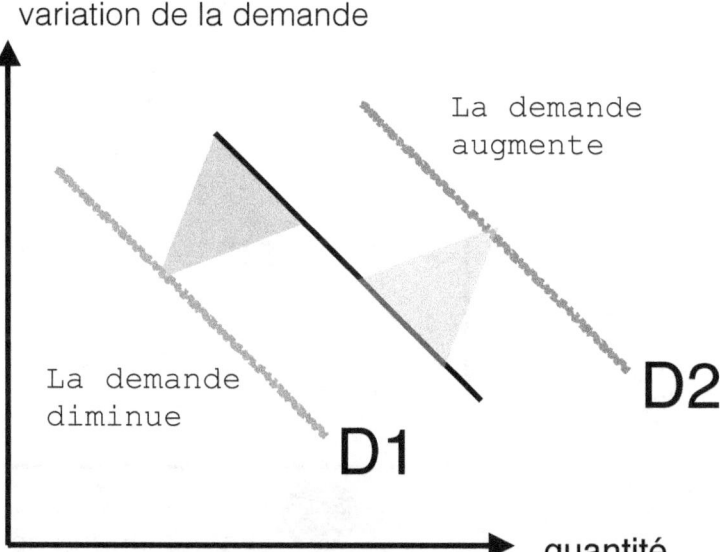

Explications

La quantité d'un bien, d'une ressource que les acheteurs veulent et peuvent se procurer est fixée pour un prix donné et un certain nombre de facteur externes (exogènes).

* si le prix d'un bien augmente, la quantité demandée de ce bien diminue
* si le prix d'un bien diminue, la quantité demandée de ce bien augmente

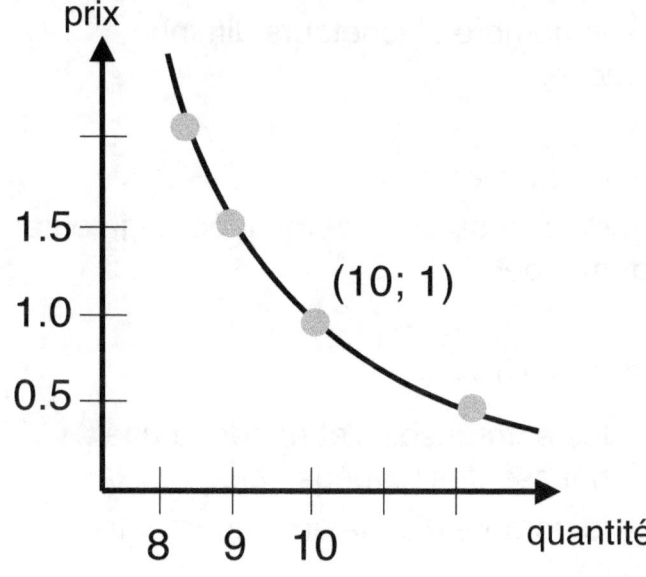

Les facteurs autres que le prix, qui influencent et qui peuvent faire varier la demande sont:

* Prix des biens de substitution;
* Démographie (nombre d'acheteurs);
* Revenu des ménages;
* L'anticipation d'événements futurs;
* Modes, goûts et préférences.

Variation de demande

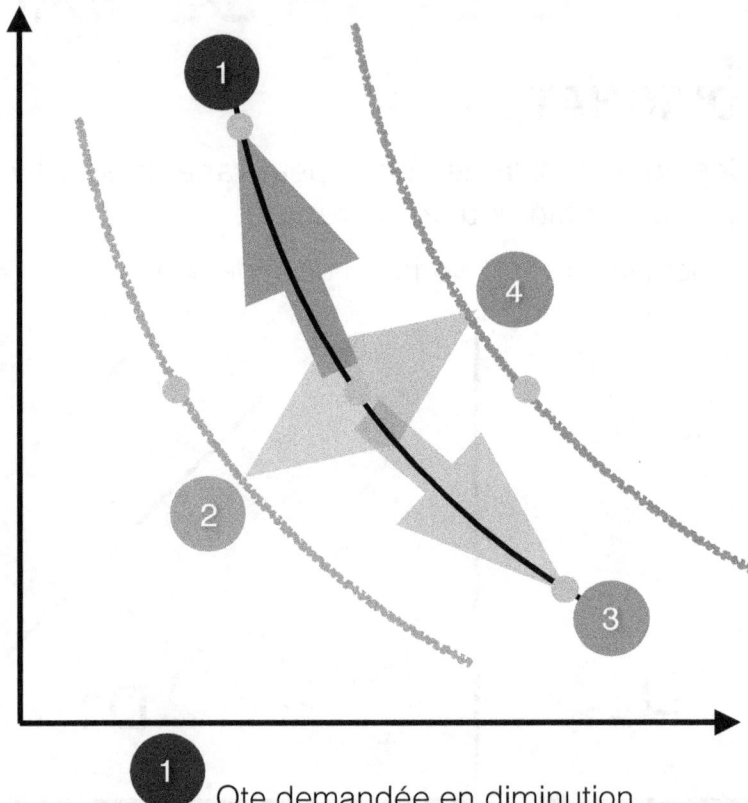

Qte demandée en diminution

Toutes choses égales par ailleurs, si le prix augmente, la quantité demandée diminue; il y a déplacement le long de la courbe de la demande.

Demande en diminution, si

- le prix d'un substitut diminue
- le prix d'un complément augmente

- les entreprises s'attendent à une baisse de revenu
- le nombre d'acheteurs diminue

La courbe de la demande se décale vers la gauche.

Qte demandée en augmentation

Toutes choses égales par ailleurs, si le prix diminue, la quantité demandée augmente; il y a déplacement le long de la courbe de la demande.

Demande en augmentation, si

- le prix d'un substitut augmente
- le prix d'un complément diminue

- les entreprises s'attendent à une hausse des revenus / prix
- le nombre d'acheteurs augmente

La courbe de la demande se décale vers la droite.

INTENTIONS DE VENTE

Facteurs influençant l'offre, autres que le prix:

- L'offre augmente
- Prix des biens complémentaires et/ou de substitution;
- Concurrence (nombre de producteurs);
- Revenus possibles (productivité, prix des facteurs de production);
- L'anticipation d'événements futurs.

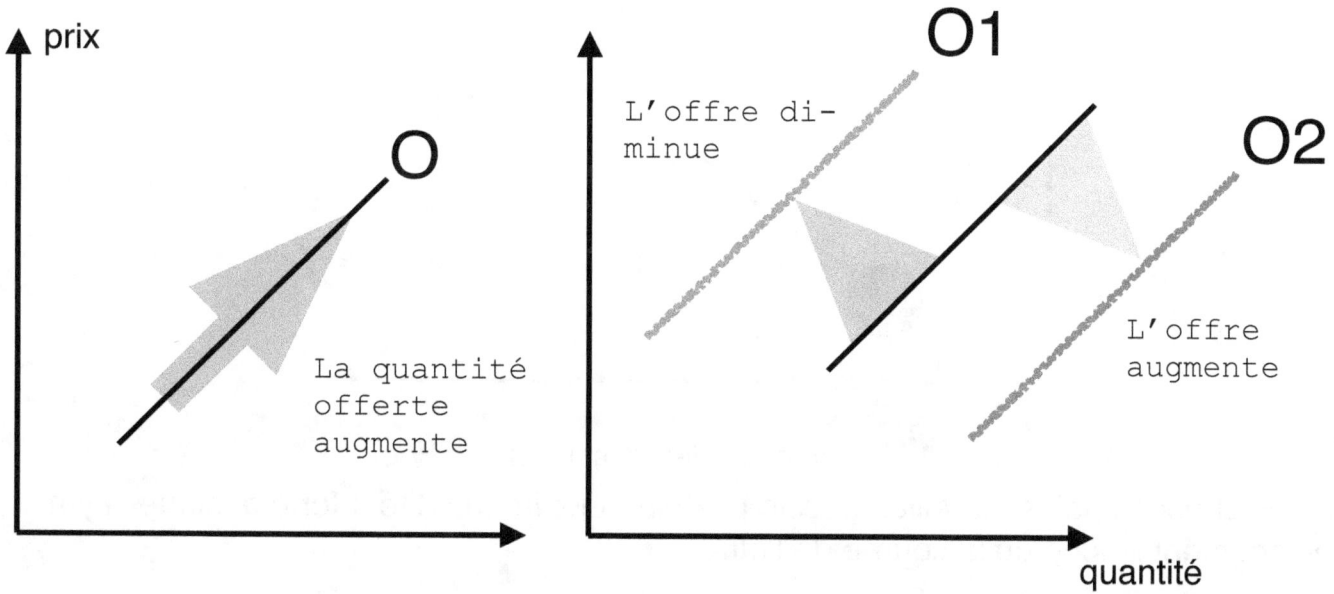

Variation de l'offre

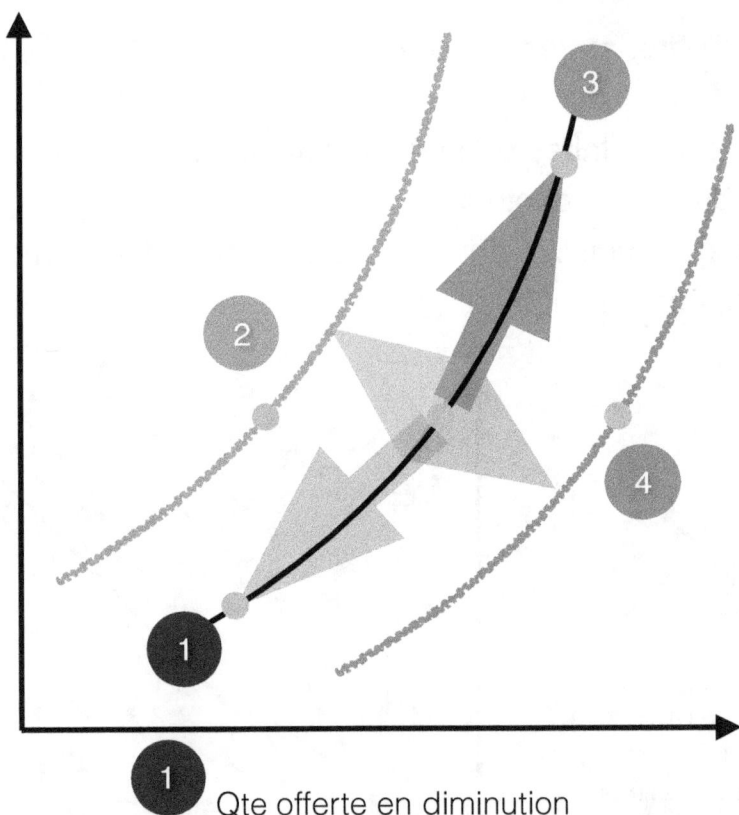

 Qte offerte en diminution

Toutes choses égales par ailleurs, si le prix diminue, la quantité offerte diminue; il y a déplacement le long de la courbe de l'offre.

 Offre en diminution, si

- le prix d'un substitut augmente
- le prix des facteurs de prod. montent
- le prix d'un complément baisse

- les entreprises s'attendent à une hausse des prix
- le nombre de producteurs diminue

La courbe de la demande se décale vers la gauche.

 Qte offerte en augmentation

Toutes choses égales par ailleurs, si le prix augmente, la quantité offerte; il y a déplacement le long de la courbe de l'offre.

Offre en augmentation, si

- le prix d'un substitut baisse
- le prix d'un complément augmente
- le prix des facteurs de production baissent

- les entreprises s'attendent à une baisse des prix
- le nombre de producteur augmente
- la productivité augmente

La courbe de l'offre se décale vers la droite.

313. FONCTIONNEMENT DES MARCHÉS

DU POINT DE VU DE L'OFFRE ET DE LA DEMANDE

La courbe de l'offre et la demande, étant respectivement croissante et décroissante en fonction du prix, elles ont un point d'intersection où les quantités demandées et offertes sont égales pour un prix donné. Sur le marché d'un produit donné, le prix d'équilibre est celui qui permet l'égalité entre les quantités offertes et demandées.

Si les producteurs acceptent le prix d'équilibre, ils peuvent vendre la totalité de leur production, il n'y a ni surproduction ni sous-production. De même, la demande de tous les acheteurs, qui sont prêts à payer ce prix, est satisfaite, il n'y a ni sous, ni sur-consommation, le marché est équilibré.

Excès de l'offre ou de la demande

Si le prix s'écarte de son niveau d'équilibre, des situations, temporaire, plus ou moins longue de surplus ou de pénurie apparaissent; elles tendent cependant à revenir à un nouvel l'équilibre sous l'effet des réactions de l'offre ou de la demande, selon les causes du déséquilibre.

Exemple d'un surplus (excès d'offre)

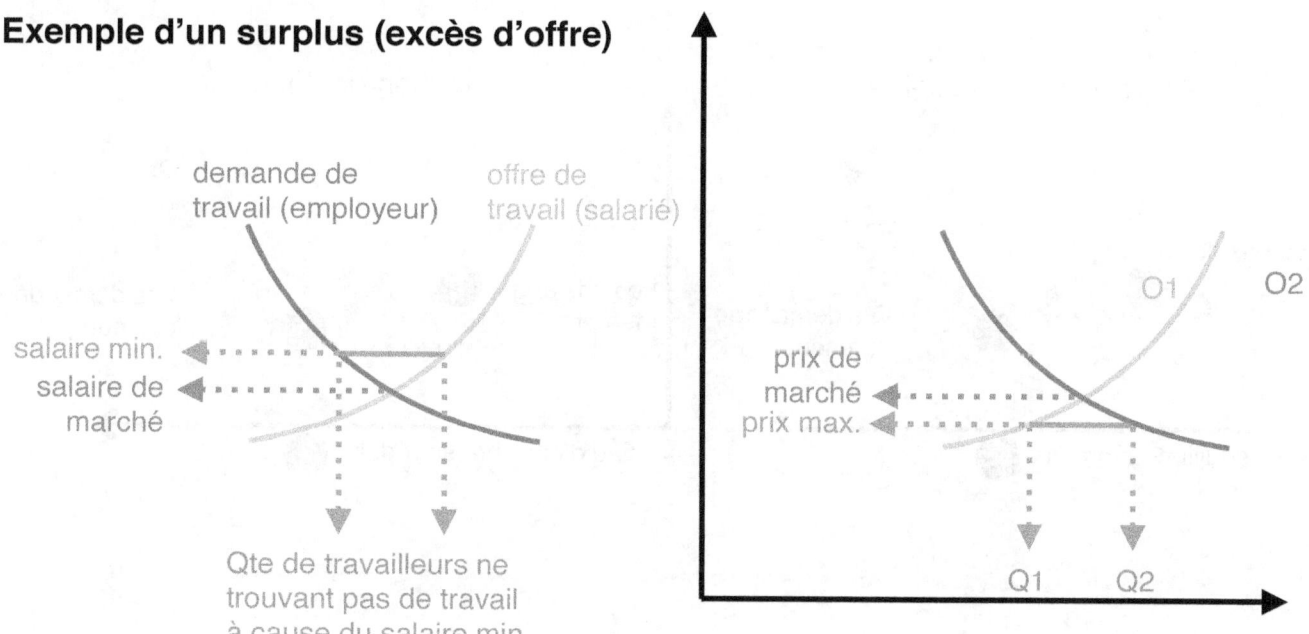

Retours à l'Equilibre

Surplus

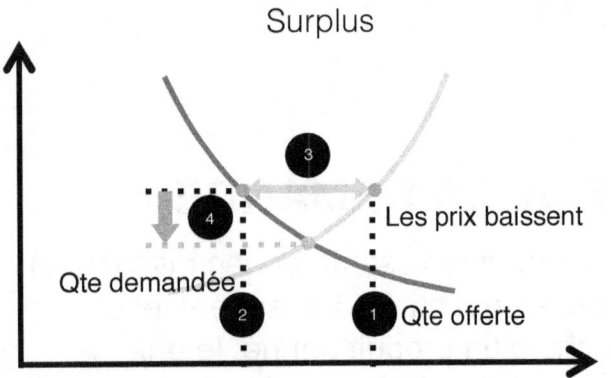

Pénurie

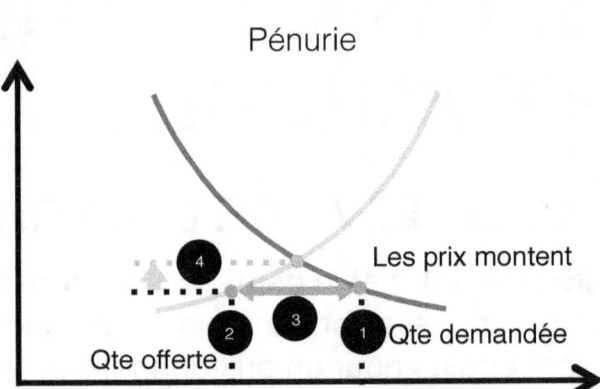

Augmentation de la demande

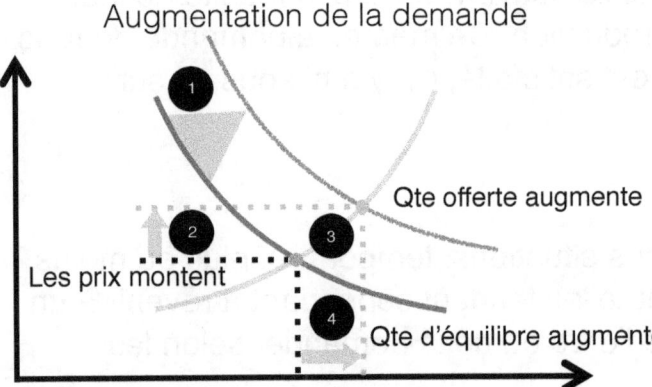

Diminution de la demande

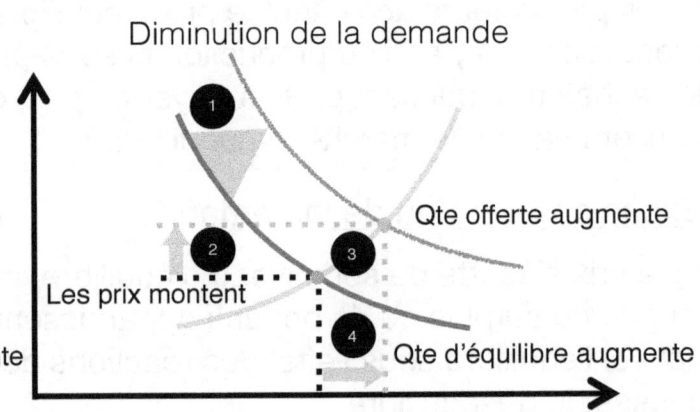

Augmentation de l'offre

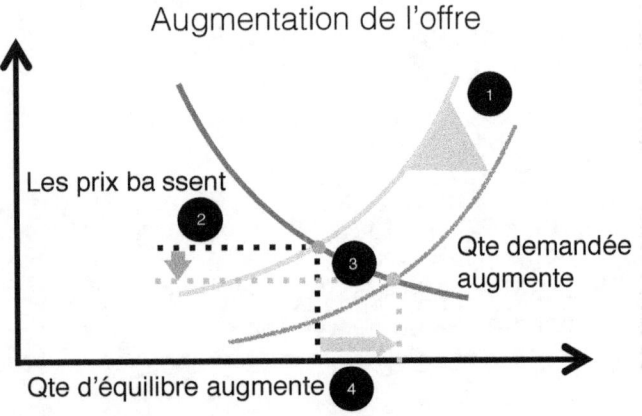

Diminution de l'offre

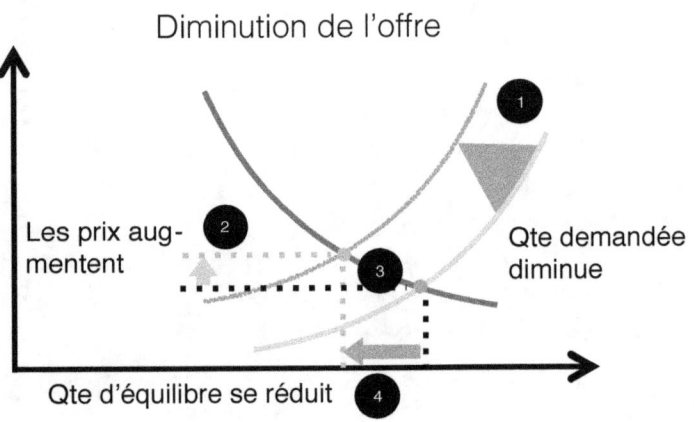

Elasticité des prix

L'élasticité des prix indique dans quelle mesure une variation se répercute sur l'offre ou la demande (visuellement, la pente des courbes).

Exemple avec la demande

Nous l'avons vu, la demande varie en fonction du prix d'achat: plus le prix s'élève, plus la demande diminue, elle est dite élastique par rapport au prix.

Cette élasticité est donc égale au taux de variation de la demande / taux de variation du prix. Plus l'élasticité est proche de zéro, moins la demande variera par rapport au prix (elle est rigide ou inélastique); plus elle s'en éloigne, plus la demande est "élastique" et variera du fait d'une variation de prix.

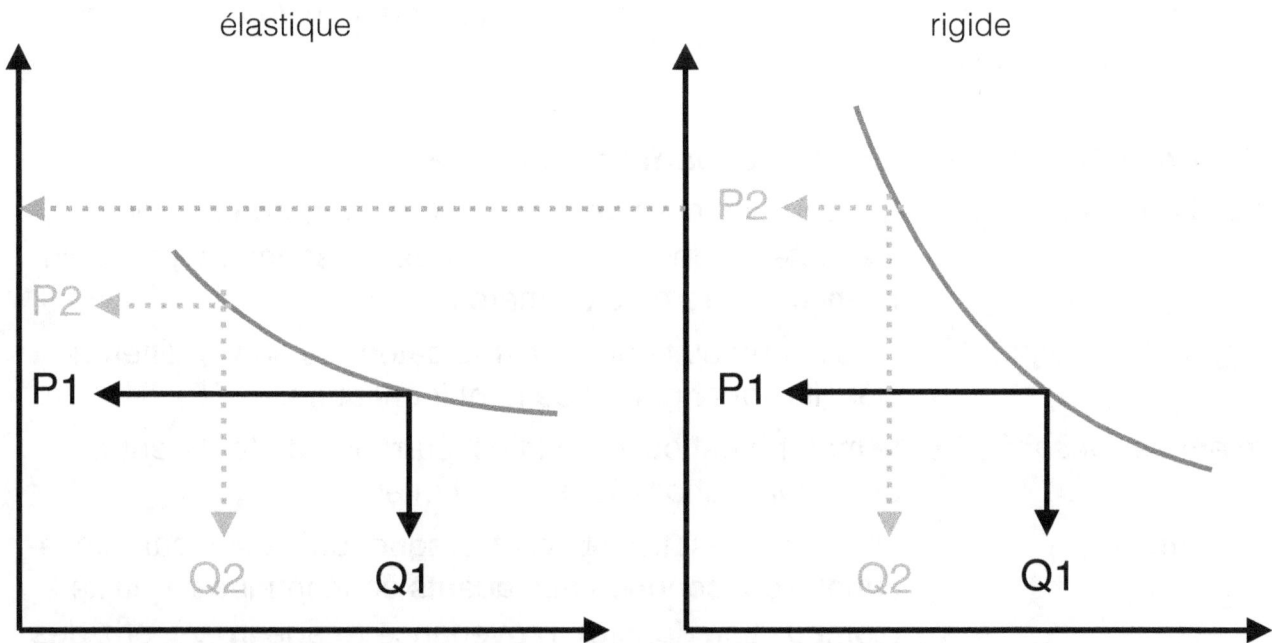

Exemple de l'offre

L'offre représente la quantité d'un bien qu'un agent donné désire vendre sur le marché à un prix donné. Conformément au cycle économique, sur les différents marchés, les offreurs sont les ménages et les entreprises:

- les ménages offrent du travail (W) et de l'épargne (S)
- les entreprises offrent essentiellement des biens et services marchands.

L'offre est également fonction du prix de vente - "ce qui est rare est cher": plus le prix d'un produit est élevé, plus il est intéressant pour un producteur d'en vendre, son bénéfice (pour un coût de production donné) croissant avec le prix. L'offre est donc habituellement élastique par rapport au prix; elle se mesure par le taux de variation de l'offre / taux de variation du prix.

DU POINT DE VUE DE LA STRATÉGIE D'ENTREPRISE ET DE LA CONCURRENCE

Concurrence pure et parfaite

La théorie de la concurrence pure et parfaite a été développée à la fin du XIXe siècle par les économistes néoclassiques tel que le français Léon WALRAS (1834-1910); selon ce courant d'idée "rien ne doit pouvoir entraver sa liberté d'initiative".

Un marché doit donc pouvoir être remis en question, c'est-à-dire que tout agent doit pouvoir contester à un autre agent sa position. L'État ou des organismes comme l'organisation mondiale du commerce doivent ici jouer leur rôle dans la mesure où ils visent, selon le courant néoclassiques, à faire respecter un certain niveau de règles équitable sur les marchés.

Les critères de la concurrence pure et parfaite, dite CPP

L'atomicité du marché : un grand nombre de producteurs, un grand nombre d'acheteurs de telle manière que personne ne puisse influencer les termes du marché.

L'homogénéité du produit : tous les produits de la même catégorie sont indifférenciés, ils sont rigoureusement identiques.

La libre entrée (et sortie) : le marché est ouvert à la concurrence de toute entreprise qui souhaiterait s'y implanter.

La transparence : un marché est transparent lorsque toutes ses caractéristiques sont connues des agents économiques: qualité (composition décrite), provenance (made in …), prix des produits (étiquette).

La mobilité des facteurs : les facteurs de production, capital, travail, doivent pouvoir se déplacer librement sans obstacle d'une activité à une autre, ce qui permet la souplesse d'adaptation du secteur productif aux changements de la conjoncture.

Lorsque ces cinq critères sont réunis simultanément, on se trouve en présence du marché de concurrence pure et parfaite. Dans une telle situation, certes théorique, c'est le marché lui-même qui fixe le prix en fonction de l'offre et la demande pour un produit.

Concurrence imparfaite: entre monopole et oligopsone

Dans la réalité des marchés, la concurrence parfaite fait figure d'exception, la concurrence imparfaite étant la règle. En effet, le processus de concurrence est fondamentalement instable car les entreprises cherchent à se protéger des concurrents et à dominer le marché.

Dans la plupart des branches industrielles, on observe souvent qu'un nombre restreint de sociétés se partage le marché, d'ou un processus de concentration de l'offre.

Processus de concentration

La concentration économique et financière des entreprises est le processus qui permet à un nombre de plus en plus restreint d'entreprises de grande taille d'alimenter une part importante des marchés.

Il existe différents types de concentration:

- **verticale,** elle permet à une entreprise de contrôler, en amont, ses fournisseurs, et, en aval, les circuits de distribution de ses produits
- **horizontale,** par achat d'entreprises semblables, elle permet d'obtenir des économies d'échelle et d'augmenter la part de marché d'une entreprise
- **de type conglomérat,** elle englobe dans un même groupe des entreprises n'ayant aucune liaison légale; .elle permet de répartir les risques sur des marchés différents, mais qui se rejoignent sur une partie des activités

Formes de concentration

Monopole   :   un producteur, beaucoup d'acheteurs; comme La Poste

Oligopole   :   quelques producteurs, beaucoup d'acheteurs; comme Migros ou Coop

Monopsone   :   un petit nombre de producteurs, un seul acheteur; comme l'entreprise SEITA en France qui est le seul débouché pour les producteurs de tabac

Oligopsone   :   un très grand nombre de producteurs, un petit nombre d'acheteurs; comme les centrales d'achat des grande surface qui imposent souvent leurs prix aux PME qui les approvisionnent

Stratégies de marché

Les différentes formes de concurrences existantes nécessite d'établir une stratégie pour atteindre le but (vision) fixé (mission), à savoir, choisir la direction, à long terme, pour atteindre ses objectifs. Cette stratégie suit habituellement trois axes prépondérants:

1. Le modèle de création de valeur (modèle d'affaire ou de croissance)
2. Les barrières à l'entrée afin de garder un avantage concurrentiel (part de marché)
3. La définition d'un périmètre sur lequel cette stratégie s'applique

Exemple

Vision : former des jeunes au domaine de l'économie politique

Mission : augmenter de 10% sa part de marché de ventes d'ouvrages dédiés à l'économie en Suisse romande, d'ici cinq ans

Moyens : mise en commun des ressources d'une sélection choisie d'auteurs et rachat des droits d'auteurs de l'ouvrage ABC

Dans cette exemple, comme dans toutes les sociétés, une fois l'allocation des ressources définie, on définira sa stratégie de coût (prix) et de ce qui vous rend spécial aux yeux du client (différenciation). Ces décisions seront vraisemblablement prisent en connaissant son marché, notamment au niveau d'éventuelles situations de monopole.

Analyse du monopole

Être en situation de monopole ne signifie pas que l'entreprise ne doive pas faire face à une concurrence de la part d'autres produits de substitutions. Ainsi les chemins de fer doivent faire face à la concurrence d'autres modes de transports (aérien notamment).

Plusieurs types de monopole existent:

- **naturel**, qui découle des mécanismes de la concurrence, c'est-à-dire bâti sur la conquête de parts de marchés (comme par exemple la vente de vêtements de sport)

- **d'innovation** où l'entreprise qui lance un nouveau produit bénéficie de fait d'un certain monopole

- **légal**, qui résulte de la protection des marchés (comme le marché de l'eau).

Effets du monopole

Sur les prix

Le prix du marché de monopole peut se révéler supérieur au prix du marché de concurrence; le monopole est alors un "price maker", c'est-à-dire qu'il décide du prix du marché (lorsqu'une entreprise est contrainte de subir le prix du marché, on dit qu'elle est "price taker")

Sur les quantités

Le monopole pourra relativement facilement abaisser ses coûts de production en achetant ses matières premières moins cher, obtenant ainsi des économies d'échelle (en payant moins de charges, du fair de l'augmentation de sa taille), qui lui permettront de fournir des quantités plus grandes sans investir massivement dans ses appareils de production.

RÔLE DE L'ÉTAT

L'État (Confédération, cantons et communes) consomment des recettes fiscales pour satisfaire des besoins collectifs:

- **contrats publics**
  construction d'écoles, d'hôpitaux, de maisons de retraite, de routes, l'acquisition de matériel d'armement, etc. (sécurité, mobilité, bien-être, etc.)

- **subventions**
  pour des institutions et des événements culturels, ainsi que pour l'agriculture (bien-être et sécurité d'approvisionnement)

- **paiements directs**
  pour les paysans bio et ceux qui assurent l'entretien du paysage (bien-être)

Biens et services fournis

Non marchands

Biens et services produits par les administrations et disponibles gratuitement ou quasi-gratuitement, c'est-à-dire à un prix inférieur à leur coût de revient.

Collectifs

Biens et services utilisables par plusieurs personnes simultanément, comme les routes, un pont, une émission de télévision diffusée sur la RTS. Les services collectifs peuvent bien sûr aussi être marchands.

Prises en compte des externalités

Le marché est défaillant car les externalités, à savoir les actions prisent par des agents qui modifie la situation d'autres agent économique, entraînent une perte de bien-être collectif sans qu'il y ait de transaction sur le marché. Pour y faire face et améliorer l'allocation des ressources, l'État prendra en compte, dans sa politique, différentes externalité. On distingue notamment les externalités:

- **positives**, par exemple de l'implantation d'une usine qui crée des emplois

- **réciproques**, par exemple, l'apiculteur qui bénéficie de la proximité d'un verger et de l'arboriculteur qui bénéficie des abeilles pour la pollinisation des arbres fruitiers

- **négatives**, par exemple une usine qui pollue l'environnement

314. DÉSÉQUILIBRES ÉCONOMIQUES

Un déséquilibre apparaît lorsque, par exemple, la production que les entreprises ont décidé de réaliser est supérieure à la demande des consommateurs. On peut également imaginer une situation de déséquilibre où la production ne serait pas suffisante pour satisfaire la demande, ce qui pourrait se traduire par une hausse des prix, des pénuries ou un recours à l'importation. Nous avons abordé dans le chapitre précédents des défaillances de marché telles que les asymétries d'information ou les externalités et avons constaté que le marché ne permet pas de gérer des problèmes tels que la dégradation de l'environnement ou la production de biens collectifs sans intervention étatique.

Situation économique

A tout moment, une situation économique s'exprime par l'égalité suivante:

biens et services   **=**   **flux monétaires**

quantité x prix   masse monétaire x vitesse de circulation

Les sources des déséquilibres sont multiples, liées à des modifications de quantité, masse monétaire et vitesse des flux, qui résultent par exemple de modification dans les préférences individuelles, mesure de politique économique, une perte ou un regain de confiance dans l'évolution de l'économie et de sa situation.

Il est difficile d'imaginer une concertation ex ante entre agents économiques et ces situations de ralentissement ou croissance de l'activité sont donc inévitables. Dans le premier cas, cela conduit à une augmentation de la quantité d'épargne, de la baisse de l'investissement ou du ralentissement du volume de crédit octroyé par les banques. Cela signifie qu'une partie de plus en plus importantes des revenus n'est donc pas dépensée, ce qui déprime la demande ... et pousse les entreprises à réduire leur production et/ou leurs effectifs, accentuant du même coup l'insuffisance de la demande et le déséquilibre initial. A contrario, si la hausse de la demande se heurte à des capacités de production domestiques insuffisantes ou si elle porte sur des produits qui ne sont pas fabriqués dans l'économie nationale, la hausse importante des importations viendra dégrader le solde commercial, aboutissant le cas échéant à un déficit (situation où la valeur des importations d'un pays est supérieure à celle de ses exportations).

EFFETS ET DANGERS DE L'INFLATION

L'inflation met en cause un mécanisme qui répercute la hausse des prix de certains produits et services au reste des prix pratiqués. En terme de revenu, l'inflation engendre une perte du pouvoir d'achat (sauf si les salaires sont indexés sur l'inflation).

Selon l'approche keynésienne, quatre grandes raisons explique l'inflation:

1. la **demande**, tel qu'expliqué ci-dessus, si la demande d'un bien est supérieur à l'offre, son prix augmente
2. les **coûts**, comme une augmentation du prix des matières premières, des divers biens entrant dans le cycle de production ou des facteurs de production (augmentation par exemple de la masse salariale)
3. **structurelle**, c'est le cas quand les prix sont protégés, ne subissant ainsi pas la loi du marché
4. **d'incitation** qui fait naître des besoins et pousse les agents économiques à réclamer toujours plus de revenus

L'approche néo classique explique également l'apparition de l'inflation par le non respect des principes de la concurrence pure et parfaite. Notamment les prix fixés par l'État, l'action syndicale ou des charges fiscales mal établies.

Il existe une troisième explication souvent avancée par les économistes: "un accroissement anormalement rapide de la quantité de monnaie par rapport au volume de la production". L'inflation serait ainsi due à un phénomène "d'anticipation rationnelle des agents économiques", l'entrepreneur se méfie et hésite à investir avant d'avoir la certitude de nouveaux marchés pour son produit; d'où un phénomène inflationniste, c'est-à-dire d'augmentation de la masse monétaire sans augmentation correspondante de la production (mesurée par le PIB réel).

Enfin, la variation des cours des monnaies influe sur les prix des produits importés libellés dans une monnaie étrangère ou sur les produits exportés libellés en monnaie locale. Ainsi, lorsque les tensions internationales font du francs suisse une monnaie refuge et contribuent à sa hausse sur le marché des changes, les prix des matières (importations) exprimées en dollar diminue; baisse qui ne compense pas la cause des prix à l'exportation, dans les cas où les balances commerciales sont positives.

Les gagnants et perdants

Avantagés par l'inflation
- Débiteurs
- Propriétaires de biens réels
- l'État

Désavantagés par l'inflation
- Créanciers et épargnants
- Rentiers

En situation de déflation / récession , c'est le contraire.

LE CHÔMAGE

Tout comme l'inflation, une hausse du chômage (rapport de la population active inoccupée sur la population active totale) réduit le pouvoir d'achat des ménages.

Il existe différent type de chômage :

- **frictionnel** qui résulte de l'inadéquation entre l'offre et la demande de travail.
- **naturel** qui existe dés que le nombre de jeune qui rentre sur le marché du travail est supérieur aux départ en retraite
- **structurel** qui est la conséquence des innovations et des évolutions de l'activité économique

En théorie, l'offre de travail devenant supérieure à la demande de travail des entreprises, le salaire réel va diminuer ce qui va diminuer le coût salarial et inciter alors les entrepreneurs à embaucher jusqu'à retrouver le plein-emploi. En pratique, face à la paralysie des entreprises et des ménages qui, tétanisés par la peur de l'avenir, ne veulent ou ne peuvent plus investir et consommer, seul l'Etat dispose de la capacité d'emprunter et de dépenser. Il va donc adopter un plan de relance qui consiste à accroître les dépenses publiques afin d'accroître la demande et la production. On en revient alors aux options de politiques conjoncturelles, évoquée précédemment (voir le chapitre sur la politique économique). Dans tous les cas, ces interventions passent par une adaptation de la fiscalité qui freinera ou relancer la demande.

32. FISCALITÉ

321. GÉNÉRALITÉS

LES GRANDES LIGNES DU SYSTÈME FISCAL SUISSE

Par système fiscal, on entend l'ensemble des impôts perçus dans un pays. Ainsi, en Suisse, chacun des 26 cantons dispose de sa propre loi fiscale et impose de manière différente le revenu, la fortune, les successions, les gains en capital, les gains immobiliers ainsi que d'autres objets fiscaux.

Quant aux quelque 2'400 communes, elles peuvent soit percevoir des impôts communaux comme bon leur semble, soit prélever des suppléments (système dit des "centimes additionnels") par rapport aux barèmes cantonaux. A noter la Confédération impose également le revenu. Toutefois, ses rentrées fiscales proviennent en grande partie d'autres sources, telles que notamment et avant tout la taxe sur la valeur ajoutée (TVA), ainsi que les droits de timbre, les droits de douane et les impôts de consommation spéciaux.

Comment en est-on venu à ce système fiscal ?

Le système fut profondément modifié lors de la fondation de l'État fédéral en 1848. La souveraineté douanière passa entièrement à la Confédération et les cantons se virent contraints – afin de compenser la perte des droits de douane – de tirer leurs principales recettes fiscales des impôts sur la fortune et le revenu.

Cette répartition des sources demeura inchangée jusqu'en 1915, mais, suite à la première guerre mondiale et à ses conséquences financières, la Confédération et les cantons se virent contraints de modifier leur législation et système fiscaux. Il fallut notamment abandonner le principe selon lequel les impôts directs devraient revenir aux cantons et les impôts indirects à la Confédération. Le niveau élevé des frais inhérents à la défense nationale obligea en effet la Confédération à percevoir également des impôts directs.

Grâce à ces recettes supplémentaires, la Confédération est parvenue à ramener son endettement datant de l'époque des deux conflits mondiaux à un niveau supportable. Cependant, dès la fin de la 2ème guerre mondiale, de nouvelles tâches lui ont été assignées, de sorte que la Confédération continue pour l'essentiel de percevoir les impôts fédéraux directs introduits pendant les années de guerre.

Au début de son existence, de 1941 à 1958, l'Impôt fédéral direct (IFD, alors appelé "impôt pour la défense nationale") était composé d'un impôt sur le revenu et d'un impôt complémentaire sur la fortune. En 1959, l'imposition de la fortune des personnes physiques fut abolie; l'impôt sur le capital des personnes morales subit le même sort en 1998. Depuis lors, l'IFD frappe uniquement le revenu des personnes physiques et le bénéfice des personnes morales. Au début, l'impôt cantonal le plus important était l'impôt sur la fortune; ce n'est en effet qu'à titre de complément qu'ils imposaient le revenu du travail. Du système fondé sur l'imposition traditionnelle de la fortune avec un impôt d'appoint sur le produit du travail, les cantons passèrent ensuite progressivement au système de l'impôt général sur le revenu avec un impôt complémentaire sur la fortune.

Si à l'origine, ces impôts étaient proportionnels, avec le temps, la méthode de l'impôt progressif s'est imposée et des déductions sociales furent introduites par égard aux contribuables de condition modeste ou assumant des charges familiales.

Dates récentes importantes

1967	L'impôt anticipé entre en vigueur
1985	Entrée en vigueur de la Loi sur la Prévoyance Professionnelle (LPP)
1995	Passage de l'impôt sur le chiffre d'affaires (ICHA) à la TVA

Objectifs et principes des finances fédérales

Les lignes directrices des finances fédérales adoptées en 1999 par le Conseil fédéral présentent les objectifs, les principes et les instruments de la politique budgétaire de la Confédération. La politique budgétaire a pour but premier de favoriser la stabilité et la croissance économique et, par là même, l'emploi, la prospérité et la cohésion sociale. Ce premier objectif principal comprend les objectifs secondaires suivants:

- La politique des recettes et des dépenses doit être favorable à la croissance.

- Les quotes-parts fiscales de l'Etat doivent figurer parmi les plus basses au sein de l'Organisation de coopération et de développement économique (OCDE).

Un certain nombre de principes complètent la liste des objectifs de la politique budgétaire, on peut notamment citer:

- La charge fiscale doit être répartie de manière équitable sur l'ensemble des contribuables, en conformité avec les principes de proportionnalité (imposition selon la capacité contributive).

- Le système fiscal doit être aménagé de manière à grever le moins possible l'activité économique.

- Le système fiscal doit être aménagé de manière à préserver, voire à renforcer l'attrait de la Suisse en tant que site économique.

- Les impôts doivent exercer une action stabilisatrice sur la conjoncture et le marché de l'emploi (principe de l'efficacité des politiques conjoncturelles).

SOUVERAINETÉ FISCALE

La Confédération, les cantons et les communes prélèvent des impôts relevant de deux catégories: les impôts sur le revenu et la fortune (personnes physiques) respectivement les impôts sur le bénéfice et le capital (personnes morales)

En 2010, les recettes fiscales des pouvoirs publics se sont montées à environ 122 milliards de francs, qui se composent comme suit, Confédération: 58MM, Cantons: 40MM, Communes: 24MM

Pour la Confédération, ce sont les impôts de consommation (impôts indirects) qui sont les plus importants au point de vue du rendement, en particulier la TVA et les impôts sur les huiles minérales; ils représentent un peu plus d'tiers (2010: 39 %) des recettes fiscales fédérales.

La situation est diverse pour les cantons et les communes. Leurs sources fiscales les plus importantes sont les impôts sur le revenu et la fortune des personnes physiques ainsi que les impôts sur le bénéfice et le capital des personnes morales. En 2010, ces impôts ont représenté 89,3 % de l'ensemble de leurs recettes fiscales.

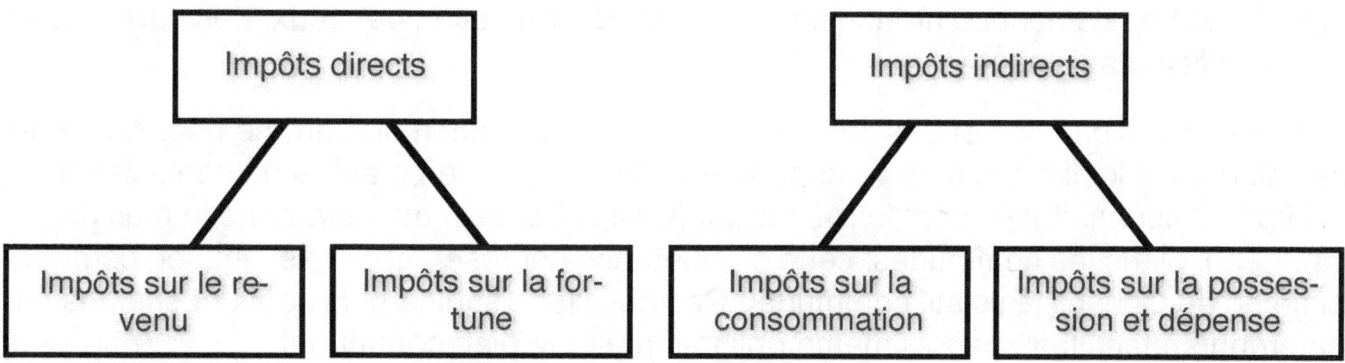

Rappel

Les impôts directs représentent environ 70 % des recettes totales de la Confédération, des cantons et des communes, alors que les impôts indirects représentent environ 30%. En comparaison internationale, la part d'impôts indirects en Suisse est clairement inférieure. Dans les pays voisins, par exemple, la part d'impôts indirects représente de 40 à 50 %. Voir plus bas pour plus de détails.

Principes de souveraineté

Par la souveraineté fiscale, il faut comprendre la possibilité juridique et pratique pour une communauté de prélever des impôts. Cette souveraineté fiscale est répartie en Suisse entre la Confédération, les cantons et les communes.

Concernant l'aménagement des souverainetés fiscales, le droit fiscal suisse doit respecter les principes suivants, inscrits dans la Constitution fédérale:

- Principe de l'égalité de droit (art. 8 Cst.)
- Principe de la liberté économique (art. 27 et art. 94 à 107 Cst.)
- Principe de la garantie de la propriété (art. 26 Cst.)
- Principe de la liberté de conscience et de croyance (art. 15 Cst.)
- Interdiction de la double imposition inter-cantonale (art. 127, al. 3 Cst.)
- Interdiction des avantages fiscaux injustifiés (art. 129, al. 3 Cst.)

Voix du peuple

Outre la particularité qu'en Suisse, les impôts sont prélevés aussi bien par la Confédération que par les cantons et les communes, le système fiscal suisse se caractérise aussi par le fait que c'est au citoyen lui-même de décider quels sont les impôts à prélever. En effet, l'État ne peut lui imposer que les obligations qui sont prévues par la Constitution et par les lois. Or, toute modification constitutionnelle doit automatiquement faire l'objet d'une votation populaire, cela tant au niveau fédéral que dans tous les cantons (référendum obligatoire). Seuls quelques cantons connaissent le référendum obligatoire également pour la révision des lois courantes. Dans les autres cantons, le référendum facultatif s'applique en règle générale. Dans la plupart des cas, le peuple doit également se prononcer lors de la détermination des taux, des barèmes et des coefficients d'impôt.

Au niveau des cantons et des communes, toute modification du barème nécessite une révision de la loi fiscale. Il en va cependant différemment en matière de coefficients d'impôt: c'est habituellement le Parlement (Grand Conseil) qui détermine le multiple annuel6). Dans les communes, cette compétence est réservée à l'Assemblée communale ou au Conseil législatif communal. Ces décisions sont le plus souvent sujettes au référendum facultatif, parfois même obligatoire sur le plan communal.

POIDS DE LA CHARGE FISCALE

On observe des différences non négligeables de la charge fiscale à l'intérieur de nos frontières, celles-ci apparaissant non seulement d'un canton à l'autre, mais aussi d'une commune à l'autre au sein du même canton. Ces disparités affectent surtout l'impôt sur le revenu et l'impôt sur la fortune; elles sont moins sensibles en ce qui concerne les impôts de consommation. Ceux-ci sont en effet perçus essentiellement par la Confédération, et les impôts fédéraux ne présentent pas de différences régionales quant à la charge fiscale.

Causes des disparités de la charge fiscale

La raison principale réside dans le fait que les Cantons possèdent leurs propres lois fiscales. Le niveau des déductions et les barèmes d'impôts ainsi que la charge fiscale varient par conséquent d'un canton à l'autre. Les barèmes de la majorité des lois fiscales cantonales sont fondés sur des taux simples (taux de base ou taux unitaires).

Exemple: contribuable célibataire à Zurich, qui a un revenu brut de travail de 80'000.-, calculé d'après le barème ancré dans la loi fiscale, l'impôt sur le revenu s'élève à 3'492.-. De cette impôt le canton perçoit 100 %; la commune, 119%. La paroisse perçoit quant à elle un impôt ecclésiastique de 11% du montant de l'impôt cantonal.

```
Impôt simple selon le barème                        3'492.00. —
Multiple
• Canton de Zurich                          100%    3'492.00. —
• Commune de Zurich                         119%    4'155.50
• Impôt ecclésiastique (paroisse cath. rom.) 11%      384.10
• Taxe personnelle                                     24. —
                                                   ----------------------
Impôt total                                         8'055.60
Charge fiscale en pour cent                            10.07
```

Dans le but d'éviter que les différences de charge fiscale entre les collectivités riches et les moins fortunées ne prennent trop d'ampleur, la Suisse applique la **péréquation financière**. Par ce canal, les cantons et communes financièrement faibles bénéficient de versements qui leur permettent d'éviter de devoir baisser le niveau des charges.

Indice des ressources (extrait)

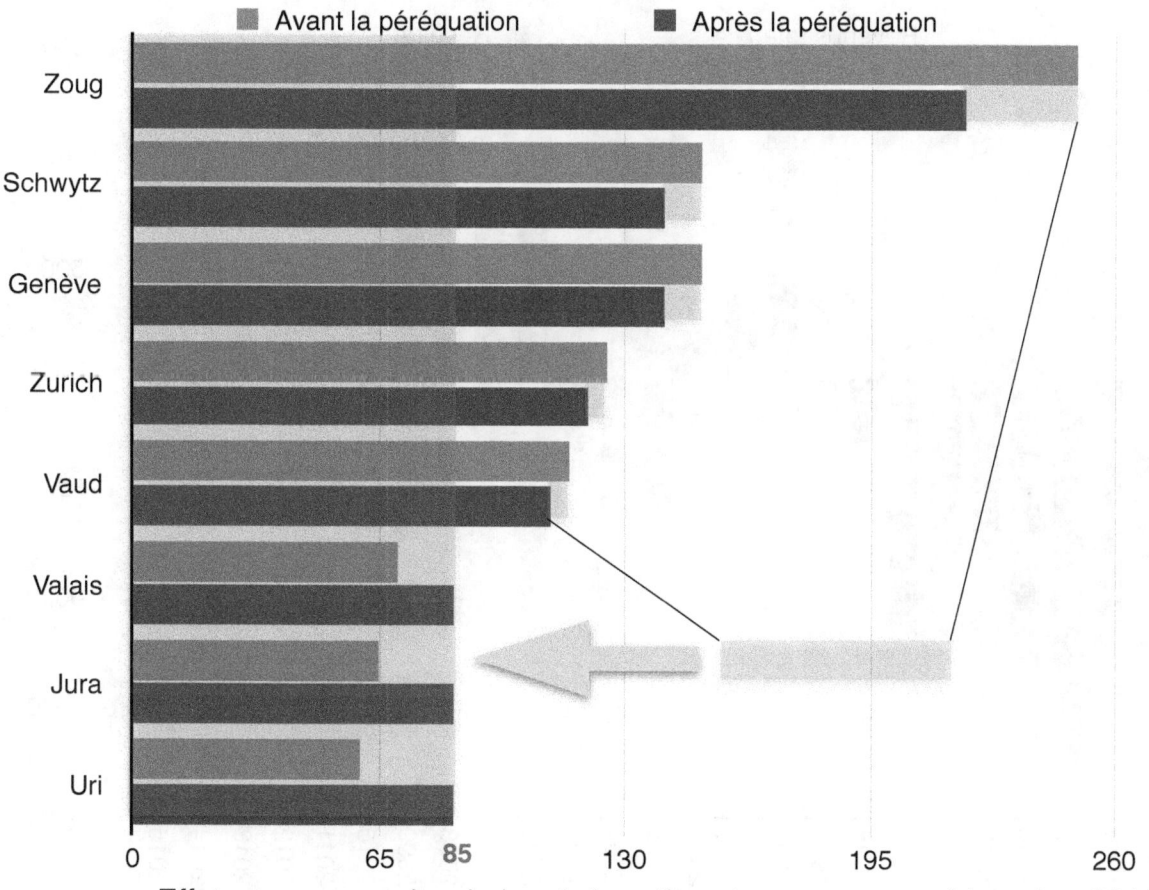

Effet compensatoire de la péréquation des ressources (données 2012).

Tandis que la compensation des charges dues à des facteurs topographiques corrige les charges dues à la faible densité de la population ainsi qu'aux particularités des cantons périphériques, la compensation des charges dues à des facteurs démographiques bénéficie avant tout aux cantons urbains.

Evolutions à travers le temps

Ainsi que le démontre le graphique ci-après, c'est depuis la récession débutée en 1991 que le déficit de la Confédération en particulier a augmenté: une part importante était d'origine structurelle. Après avoir atteint un sommet en 2000, la situation conjoncturelle s'est dégradée considérablement, notamment en raison de la chute des recettes liée à l'éclatement de la bulle Internet. L'introduction du frein à l'endettement en 2003 a permis de compenser le déficit structurel de la Confédération. L'exercice 2008 a été positif pour la Confédération, les cantons et les communes malgré la crise financière. La Confédération a enregistré un solde positif de 7 milliards en raison des coûts exceptionnels (achat d'obligations convertibles d'UBS, les dépenses liées à la transition vers la RPT). Même sans ces effets extraordinaires, les comptes de la Confédération et des cantons ont bouclés avec un excédent solide, tandis que les communes ont affiché un déficit de 500 millions (source: AFC, sous http://bit.ly/1CEkgGU)

Comptes annuels de la Confédération

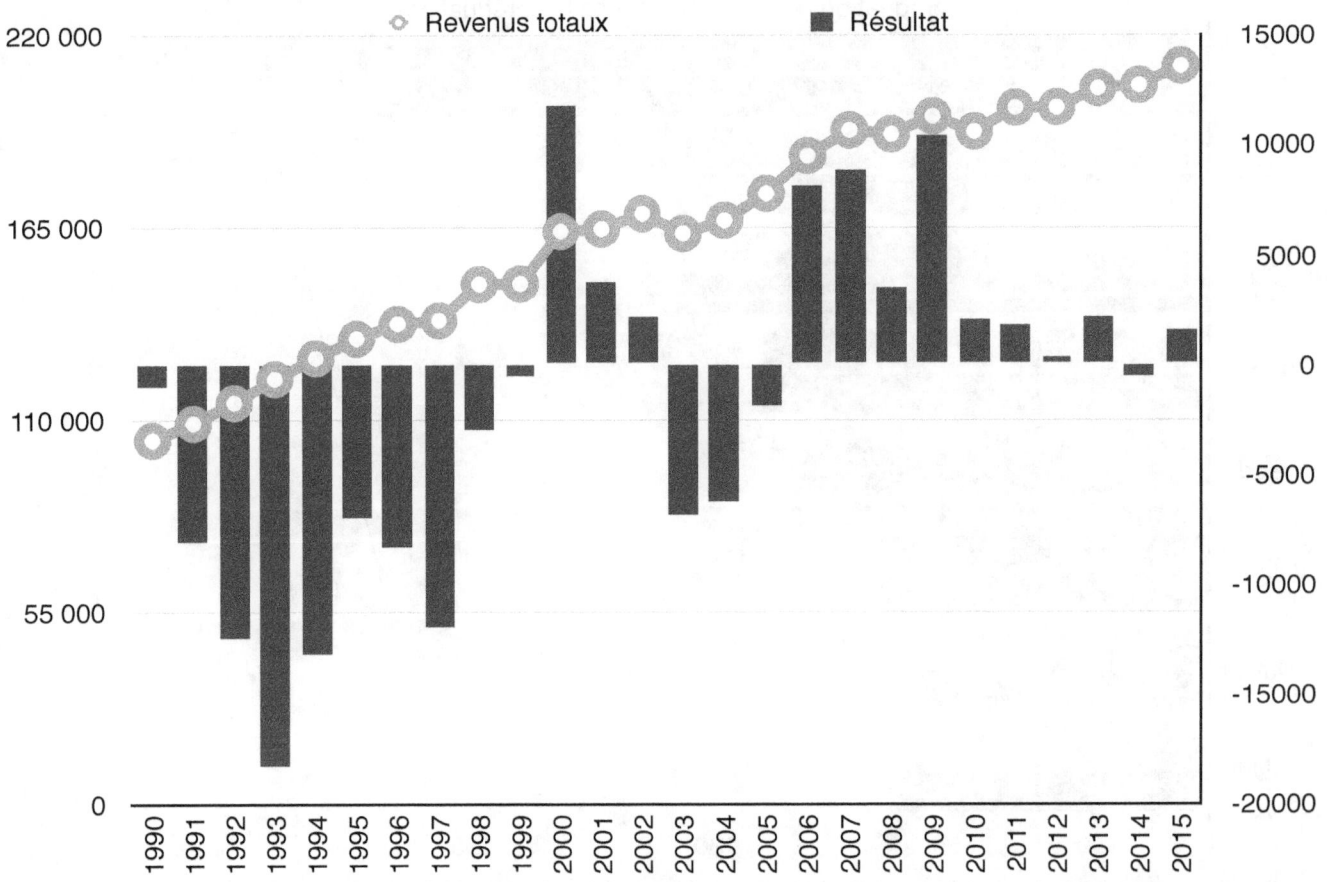

Les dettes sont le résultat des déficits accumulés. Par conséquent, on présentera souvent la dette publique, comme pourcentage du PIB.

**Endettements publics selon définition de Maastricht
(en % du PIB nominal)**

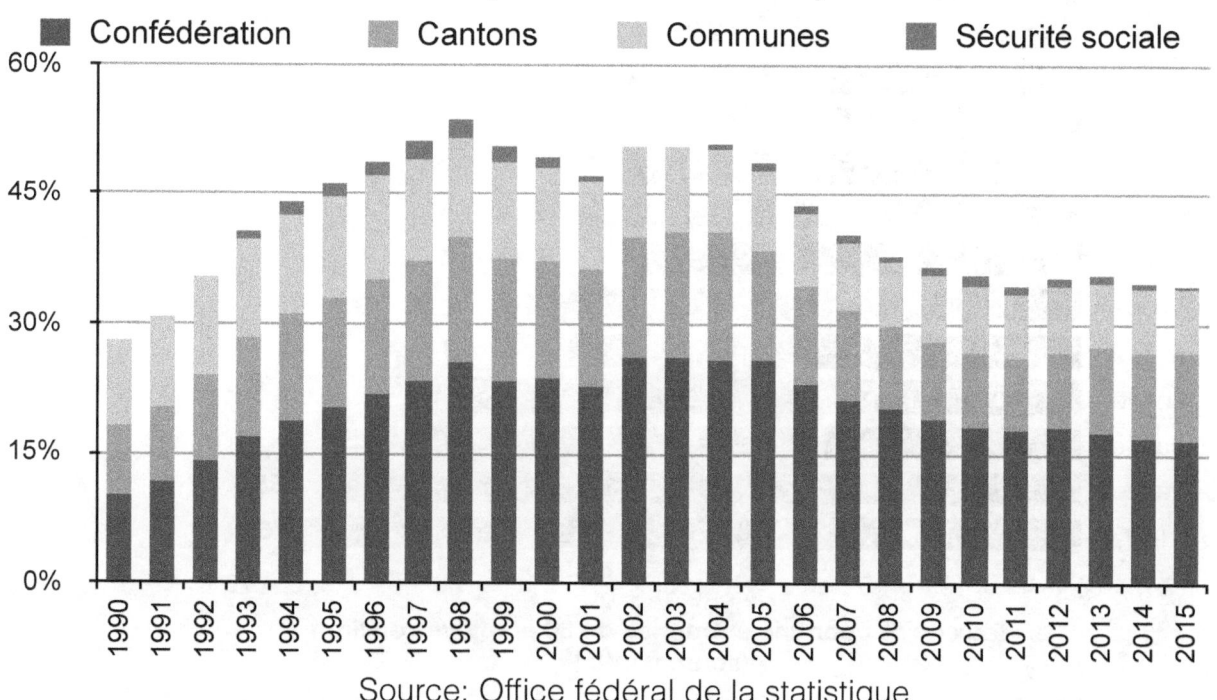

Source: Office fédéral de la statistique
(à prix courant, complément au PIB sous http://bit.ly/1DuZiPX)

Comparaisons

Comparaison internationale[2]

La comparaison internationale du taux d'imposition totale (Total Tax Rate, TTR) montre que le système fiscal de la Suisse reste très avantageux par rapport à celui d'autres pays industrialisés; il est exprimé en pourcentage des bénéfices.

Les impôts et cotisations inclus dans le calcul peuvent être répartis entre les catégories suivantes: i) impôt sur le bénéfice; ii) cotisations sociales et charges salariales payées par l'employeur; iii) impôts fonciers; iv) impôts sur le chiffre d'affaire (y compris les autres impôts liés à la consommation et la TVA non récupérable); v) autres charges (tels que taxes communales, taxes de circulation et taxe sur l'essence).

Notons que le système fiscal suisse n'est pas uniquement intéressant pour les entreprises, mais aussi pour les particuliers qui bénéficient également d'une charge fiscale modérée en comparaison internationale.

---

[2] Source: Switzerland Global Enterprise (http://bit.ly/1NuU5OG)

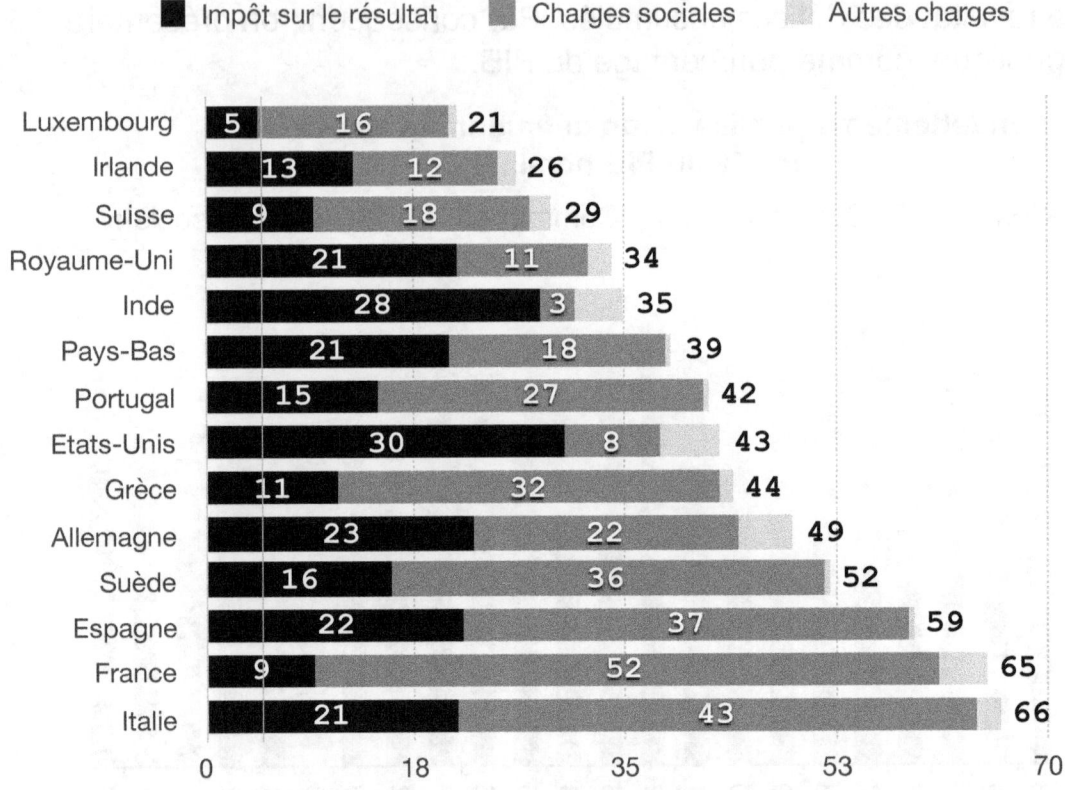

Taux en % pour une entreprise de 60 employés environ
(source: pWc)

Comment sont réparties les recettes fiscales?

L'illustration ci-dessous montre comment est affecté le produit des impôts. A supposer que le total des dépenses soit de 100.-, 28.2% iraient à la formation et à l'instruction qui représentent le plus gros poste de dépenses.

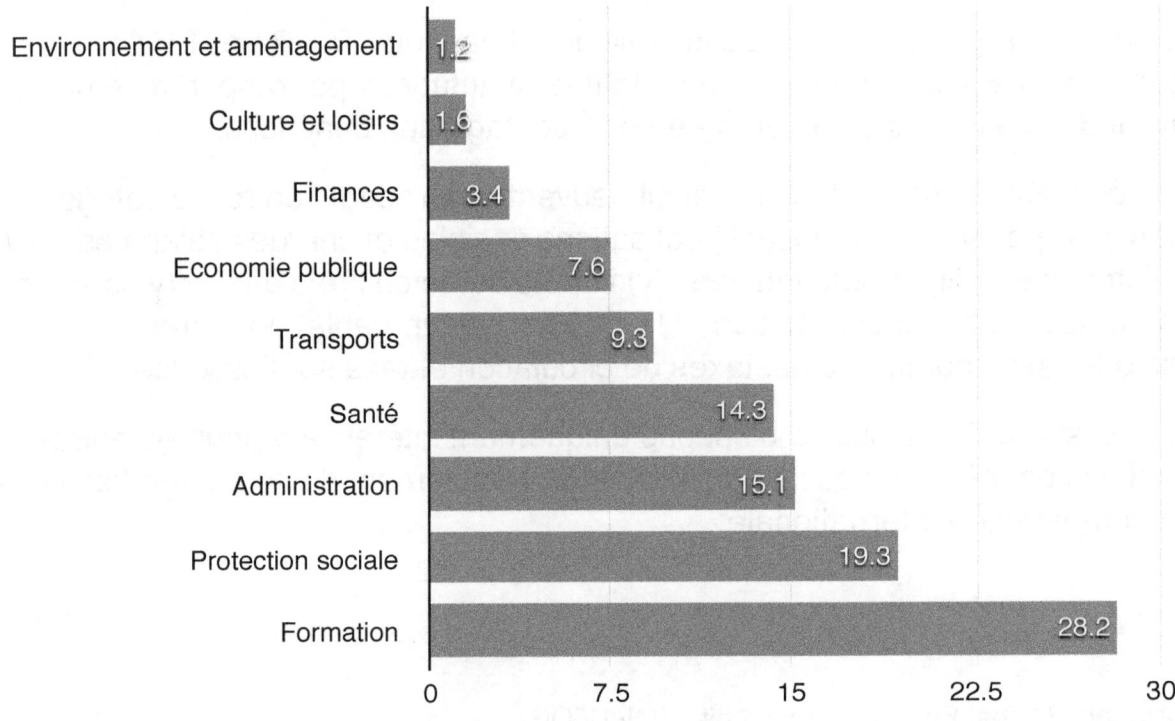

322. LES DIVERS TYPES D'IMPÔTS

LES IMPÔTS DE LA CONFÉDÉRATION

Impôts sur le revenu et le bénéfice

Impôt fédéral direct

Art. 128 Cst.
Loi fédérale du 14 décembre 1990 sur l'impôt fédéral direct (LIFD)

Cet impôt est perçu annuellement par les cantons, pour la Confédération, puis reverse une partie (83%) du montant des impôts, des amendes et des intérêts perçus.

Impôt sur le revenu des personnes physiques

Concerne les personnes qui ont leur domicile - 30 jours au moins avec une activité lucrative - ou qui séjournent en Suisse - 90 jours sans exercer d'activité lucrative. En vertu du principe de l'imposition globale de la famille, les revenus des époux sont additionnés, indépendamment de leur régime matrimonial.

Le taux légal maximum se monte à 11.5 %. Il est atteint par un revenu imposable de 895'900 francs pour un couple et de 755'300 francs pour les autres contribuables.

Impôt sur le bénéfice des personnes morales

S'applique aux entreprises ayant leur siège ou leur administration effective en Suisse.

On distingue deux catégories de personnes morales:

- **Sociétés de capitaux** (sociétés anonymes, sociétés en commandite par actions, sociétés à responsabilité limitée) et les sociétés **coopératives**.
  Ces sociétés s'acquittent uniquement d'un impôt sur le bénéfice au taux de 8.5 %.
- **Associations, fondations** et autres personnes morales.
  En raison du caractère d'utilité publique de leur activité, elles s'acquittent d'un impôt sur le bénéfice de 4.25 %.

Impôt fédéral anticipé

Art. 132, al. 2, Cst.
Loi fédérale du 13 octobre 1965 sur l'impôt anticipé (LIA)

L'impôt anticipé est un impôt perçu à la source par la Confédération sur divers rendements de capitaux mobiliers (notamment sur les intérêts et les dividendes), sur les gains en espèces faits dans les loteries suisses) ainsi que sur certaines prestations d'assurances.

Remboursable sous certaines conditions, l'impôt anticipé ne constitue donc pas une charge définitive pour les contribuables domiciliés en Suisse qui satisfont à leurs obligations fiscales. Le droit au remboursement s'éteint si la demande n'est pas présentée dans les trois ans. Le taux de l'impôt se monte à 35 % pour les rendements de capitaux mobiliers et les gains faits dans les loteries, 15 % sur les rentes viagères et les pensions, 8 % pour les autres prestations d'assurances

Pour les contribuables domiciliés à l'étranger, l'impôt anticipé est en principe perdu et constitue une charge définitive. Toutes les personnes dont l'État de résidence a conclu une convention en vue d'éviter les doubles impositions ont toutefois droit au remboursement total ou partiel de l'impôt anticipé, à la condition cependant qu'elles remplissent les conditions posées par la dite conventions.

Autres impôt directs

Les maisons de jeu

Art. 106 Cst.

Loi fédérale du 18 décembre 1998 sur les jeux de hasard et les maisons de jeu (LMJ)

Suite à la votation populaire de 1993 supprimant l'interdiction des maisons de jeux, la Confédération a le droit de prélever un impôt sur les recettes des maisons de jeu, utilisé pour alimenter l'AVS/AI.

Le taux d'imposition de base est de 40%, jusqu'à concurrence d'un produit brut des jeux de 10 millions. Le taux de l'impôt est ensuite majoré de 0.5% pour chaque million supplémentaire, et cela jusqu'à la limite maximale de 80%.

Le Conseil fédéral peut en outre réduire d'un quart le taux de l'impôt si les bénéfices d'une maison de jeu sont investis pour l'essentiel dans des projets d'intérêt général. Le Conseil fédéral peut également réduire le taux de l'impôt d'un tiers au plus si le casino est implanté dans une région dépendant d'une activité touristique saisonnière. En cas de cumul des deux motifs de réduction, il peut réduire le taux de l'impôt de la moitié au plus.

Taxe d'exemption de l'obligation de servir

Art. 40, al. 2 et art. 59, al. 1 et 3 Cst.

Loi fédérale du 12 juin 1959 sur la taxe d'exemption de l'obligation de servir (LTEO)

Tout Suisse est tenu au service militaire. Celui qui, pour une raison ou une autre, ne remplit pas personnellement son obligation doit payer la taxe. Cette taxe, perçue par les cantons, s'élève à 3% des revenus soumis à la taxe, mais à 400 francs au moins. Elle est toutefois réduite en fonction du nombre de jours que l'assujetti a accompli durant l'année.

<u>Imposition de la consommation</u>

Taxe sur la valeur ajoutée (TVA)

Art. 130 Cst. ; art. 196, ch. 3, al. 2, let. e ainsi que ch. 14, al. 2 et 3 Cst.
Loi fédérale du 12 juin 2009 régissant la Taxe sur la valeur ajoutée (LTVA)

La TVA, introduite en 1995, est un impôt frappant la consommation non entrepreneuriale de biens et de prestations de services sur le territoire national. Cet impôt est prélevé à toutes les étapes de la production, de la distribution et des services lors de l'acquisition de prestations.

<u>Est libéré</u> de l'assujettissement quiconque:

- réalise en un an, sur le territoire suisse, un chiffre d'affaires inférieur à 100'000.-
- réalise sur le territoire suisse, au titre de société sportive ou culturelle sans but lucratif et gérée de façon bénévole, un chiffre d'affaires inférieur à 150'000.-.

<u>Sont exonérées</u> de l'impôt (avec le droit à la déduction de l'impôt préalable):

- la livraison d'objets qui sont transportés ou expédiés à l'étranger
- les prestations de services fournies à des destinataires ayant leur siège social ou domicile à l'étranger.

<u>Sont exclus</u> du champ de l'impôt (pas de droit à la déduction de l'impôt préalable), les prestations:

- dans le domaine de la santé, de l'assistance et la sécurité sociale
- d'éducation et enseignement, ainsi que de la protection de l'enfance et jeunesse
- culturelles et manifestations sportives
- d'assurance, des marché monétaire et des capitaux (à l'exception de la gestion de fortune et du recouvrement des créances)
- la location d'appartements et vente d'immeubles
- les paris, loteries et autres jeux de hasard (ils sont soumis à une autre taxe)
- la vente des produits de l'agriculture, de la sylviculture et de l'horticulture par les agriculteurs, les sylviculteurs et les horticulteurs

Taux de l'impôt

Taux normal : l'impôt s'élève à 8%.

Taux spécial : le taux est de 3.8 % pour les prestations du secteur de l'hébergement (nuitées avec petit-déjeuner) dans l'hôtellerie et la para-hôtellerie (par exemple la location d'appartements de vacances).

Taux réduit : ce taux s'élève à 2.5 % et est applicable aux catégories de marchandises et prestations de services suivantes:

- les denrées alimentaires (à l'exception des denrées remises dans le cadre de prestations de la restauration)
- le bétail, la volaille, le poisson
- les semences, les plantes vivantes, les fleurs coupées
- les céréales
- les aliments et les engrais pour animaux

- les médicaments
- les journaux, les revues, les livres et autres imprimés sans caractère de publicité
- les prestations de services fournies par les sociétés de radio et de télévision (exception: les prestations de services à caractère commercial, imposables au taux normal)

La perception et l'encaissement de l'impôt sur les acquisitions est du ressort de l'AFC. Cette compétence revient par contre à l'Administration fédérale des douanes (AFD) lorsqu'il s'agit de l'importation de biens.

Affectation particulière d'une partie des recettes

En vertu des dispositions constitutionnelles actuellement en vigueur, une part d'environ 23 % du produit de la TVA est affectée à l'AVS, à l'AI, au financement des grands projets ferroviaires et à la réduction des primes de l'assurance-maladie, et ne rentre donc pas dans les caisses de la Confédération.

Droits de timbre fédéraux

Art.132, al. 1 Cst.

Loi fédérale du 27 juin 1973 sur les droits de timbre (LT)

Les droits de timbre sont des impôts prélevés par la Confédération frappant des transactions juridiques déterminées, en particulier l'émission et le commerce de titres, en d'autres termes la formation et la circulation de capitaux ainsi que les payements des primes d'assurance. Tout débiteur d'un droit de timbre fédéral doit s'annoncer spontanément à l'AFC, lui remettre les relevés et les pièces justificatives prescrites et, simultanément, acquitter le droit (taxation spontanée). La loi ne prescrit, ni n'interdit le transfert des droits de timbre ; les contribuables sont donc libres de mettre les droits à la charge d'autres personnes ou de les supporter eux-mêmes.

Impôt sur le tabac

Art. 131, al. 1, let. a Cst.

Loi fédérale du 21 mars 1969 sur l'imposition du tabac (LTab)

Sont soumis à l'impôt les tabacs ainsi que les produits de substitution. Les taux sont les suivants:

- Pour les **cigarettes**, l'impôt est calculé par pièce (élément fiscal spécifique) et en pour cent du prix de détail. Il s'élève à environ 12 centimes par pièce et 25% du prix de vente au détail, mais au minimum à un peu plus de 21 centimes par pièce

- Pour les **cigares**, l'impôt s'élève à 0.56 centimes par pièce et 1% du prix de détail
- Pour le **tabac à coupe fine**, l'impôt se monte à 38 francs par kilo, plus 25 % du prix de vente au détail, soit au moins 80 francs par kilo de poids effectif
- Pour le **tabac à fumer**, l'impôt se monte à 12% du prix de vente
- Pour le **tabac à mâcher**, l'impôt se monte à 6 % du prix de vente au détail

La totalité des recettes provenant de l'impôt sur le tabac (un peu plus de 2'200 milliards) est affectée au cofinancement de l'AVS/AI.

Impôt sur la bière

Art. 131, al. 1, let. c Cst.

Loi fédérale du 6 octobre 2006 sur l'imposition de la bière (LIB)

Sont assujettis les fabricants suisses (brasseries) pour la bière fabriquée et livrée de manière professionnelle en Suisse de même que la bière importée.

L'impôt, pour 100 litres de bière, se monte à:

- 16.88 (bière légère, jusqu'à 10 degrés)
- 25.32 (bière entre 10 et 14 degrés)
- 33.76 (bière forte, à partir de 14 degrés)

La bière dont la teneur en alcool ne dépasse pas 0.5% du volume est exonérée.

Impôt sur les huiles minérales

Art. 131, al. 1, let. e Cst.

Loi fédérale du 21 juin 1996 sur l'imposition des huiles minérales (LImpMin)

Cet impôt de consommation spécial comprend l'huile de pétrole, le gaz de pétrole et les produits résultant de leur transformation ainsi que les carburants. Le taux diffère selon les produits et leur utilisation. Par exemple, la charge fiscale par litre se monte à:

- 73.12 cts pour l'essence (y compris la surtaxe sur les carburants de 30 cts/l)
- 75.87 cts pour l'huile diesel (y compris la surtaxe sur les carburants de 30 cts/l)
- 0.3 centime pour l'huile de chauffage

Impôt sur les automobiles

Art. 131, al. 1, let. d Cst.

Loi fédérale du 21 juin 1996 sur l'imposition des véhicules automobiles (LImpAuto)

L'AFD perçoit cet impôt lors de l'importation d'automobiles et lors de leur fabrication en Suisse, il se montant à 4% de leur valeur du biens.

Impôt sur les boissons distillées

Art. 131, al. 1, let. b Cst.

Loi fédérale du 21 juin 1932 sur l'alcool (Lalc)

La production d'eau-de-vie indigène est soumise à l'impôt. Echappe à l'imposition l'usage personnel d'eau-de-vie des producteurs agricoles. En outre, les personnes âgées de 17 ans révolus peuvent importer sans redevance, dans le trafic des voyageurs, deux litres jusqu'à 15% du volume et un litre titrant plus de 15%.

Les boissons spiritueuses indigènes et importées sont soumises à un taux unique d'imposition. Cet impôt s'élève à 29 francs par litre d'alcool pur. L'impôt est réduit de 50% pour les vins de fruits et de baies et les vins faits à partir d'autres matières premières dont la teneur en alcool est inférieure à 22%.

Le parlement a approuvé en 2003 (entré en vigueur le 1er février 2004) un impôt spécial sur les alcopops quatre fois plus élevé que l'impôt sur l'alcool. Les alcopops sont donc frappés d'une taxe équivalente à 116 francs par litre d'alcool pur, ce qui représente une somme de 1.80 pour une bouteille de 2.75 dl titrant 5.6%.

Redevances douanières

Art. 133 Cst.

Loi du 18 mars 2005 sur les douanes (LD)

Loi fédérale du 9 octobre 1986 sur le tarif des douanes (LTaD)

L'élément engendrant le processus fiscal est le fait de franchir la frontière douanière avec des marchandises. En droit fiscal, les droits de douane sont dès lors un impôt grevant les échanges économiques.

Les taux sont presque exclusivement fondés sur le poids (par ex. X francs par 100 kg brut); appliqués au moment de son arrivée sur le territoire. Avec quelque 8'000 positions, le tarif des douanes sont liés par l'Accord GATT (General Agreement on Tariffs and Trade, en français Accord général sur les tarifs douaniers et le commerce).

LES IMPÔTS DES CANTONS ET DES COMMUNES

Loi fédérale du 14 décembre 1990 sur l'harmonisation des impôts directs des cantons et des communes (LHID).

Comme déjà été mentionné, les cantons et communes sont autorisés à prélever les impôts que la Confédération ne se réserve pas. Soit pour les cantons:

Impôts sur le revenu et la fortune ainsi que autres impôts directs

- Impôts sur le revenu et la fortune

- Taxe personnelle ou sur les ménages
- Impôts sur le bénéfice et le capital

- Impôts sur les successions et donations
- Impôt sur les gains de loterie
- Impôt sur les gains immobiliers
- Impôt foncier
- Droits de mutation
- Impôt cantonal sur les maisons de jeu

Impôts sur la possession et la dépense
- Impôt sur les véhicules à moteur
- Impôt sur les chiens
- Impôt sur les divertissements
- Droits de timbre cantonaux
- Impôt sur les loteries
- Redevance en matière de droits d'eau
- Divers

Et les communes

Impôts sur le revenu et la fortune ainsi que autres impôts directs
- Impôts sur le revenu et la fortune
- Taxe personnelle ou sur les ménages
- Impôts sur le bénéfice et le capital
- Impôts sur les successions et donations
- Impôt sur les gains de loterie
- Impôt sur les gains immobiliers
- Impôt sur les immeubles
- Droits de mutation
- Taxe professionnelle

Impôts sur la possession et la dépense
- Impôt sur les chiens
- Impôt sur les divertissements
- Divers

Impôts sur le revenu et la fortune

Dans tous les cantons, la taxation s'effectue sur la base du revenu effectivement acquis, selon le système dit postnumerando, où la période de calcul est identique à la période fiscale (année fiscale). En général, ces impôts sont taxés chaque année sur la base d'une déclaration d'impôt que le contribuable doit remettre à l'administration.

Dans la plupart des cantons, le montant de l'impôt résulte de la combinaison de deux éléments, à savoir du taux d'impôt fixé par la loi et d'un multiple, fixé périodiquement.

Impôt sur le revenu des personnes physiques

Les barèmes de l'impôt sur le revenu sont progressifs dans presque tous les cantons. Cela signifie que les taux augmentent en même temps que s'élève le revenu imposable, jusqu'à concurrence d'une certaine limite, qui diffère d'un canton à l'autre.

Tous les cantons tiennent compte de la situation de famille en prévoyant des allégements spéciaux au lieu ou en plus des déductions pour couples mariés, pour les couples et contribuables assimilés (par ex. familles monoparentales, partenaires enregistrés).

Impôt à la source

Tous les cantons imposent à la source le revenu du travail auprès des ressortissants étrangers qui ne sont pas au bénéfice d'un permis d'établissement (livret C). L'employeur est tenu de déduire l'impôt dû sur le montant du salaire, et de le verser à l'administration fiscale. Cette retenue à la source englobe les impôts sur le revenu de la Confédération (IFD), du canton et de la commune ainsi que l'éventuelle contribution ecclésiastique.

Impôt sur la fortune des personnes physiques

Tous les cantons et communes prélèvent un impôt sur la fortune des personnes physiques, lequel est taxé chaque année, conjointement à l'impôt sur le revenu.

En règle générale, l'objet de cet impôt est l'ensemble de la fortune du contribuable. Celle-ci comprend toutes les choses et tous les droits appartenant au contribuable ou dont il a l'usufruit; dont la valeur est en principe estimés à leur valeur vénale. Font notamment partie de la fortune imposable tous les biens mobiliers (par ex. titres, avoirs en banque, voiture) et immobiliers (par ex. immeubles), les assurances sur la vie et de rente susceptibles de rachat, de même que la fortune investie dans une exploitation commerciale ou agricole. Le mobilier de ménage ainsi que les objets personnels d'usage courant sont exonérés.

L'assiette de l'impôt est constituée par la fortune nette. Cela signifie que la totalité des dettes établies est déduite du montant brut des éléments de fortune appartenant au contribuable. Compte tenu des déductions accordées et des minimums exonérés, le début de la perception de l'impôt sur la fortune présente de grandes divergences entre les cantons. Lorsque des ressortissants étrangers sont au bénéfice du système d'imposition d'après la dépense, ils n'ont en général pas d'impôt sur la fortune à payer séparément.

Impôts sur le bénéfice et le capital des personnes morales

Exprimés en pour mille, les impôts sur le capital sont presque toujours proportionnels. Dans les cantons des GR et du VS, le barème est cependant très légèrement progressif (système du double taux).

Les sociétés qui n'ont pas d'activité commerciale en Suisse et dont le but statutaire principal consiste à gérer durablement des participations ne paient pas d'impôt sur le bénéfice net dès que ces participations ou leur rendement représentent au moins deux tiers du total des actifs ou des recettes (holding). Ces allégements sont octroyés afin d'éviter une double voire une triple imposition économique (phénomène dit de l'imposition "en cascade").

En ce qui concerne les autres personnes morales (associations, fondations, etc.) elles paient en règle générale également un impôt sur leur bénéfice, la plupart du temps selon les règles applicables aux sociétés de capitaux, mais le plus souvent avec des barèmes qui diffèrent.

Impôts sur les successions et les donations

L'impôt sur les successions a pour objet toute transmission de patrimoine aux héritiers ainsi qu'aux légataires. L'impôt sur les donations frappe quant à lui toute libéralité entre personnes vivantes.

En ce qui concerne le lieu de perception de l'impôt sur les successions, c'est en principe le canton dans lequel le défunt possédait son dernier domicile qui est autorisé à percevoir un impôt sur les successions frappant la fortune mobilière. La fortune immobilière est imposée dans le canton où les immeubles sont situés.

Tous les cantons, sauf Lucerne, Schwytz et Genève, imposent aussi bien les successions que les donations. A Genève, l'exonération des droits de succession et de donation, n'est pas admise lorsque, si l'une des trois dernières taxation a été établie d'après un régime basé sur les dépenses.

Autres impôts directs

Impôt sur les gains de loterie et de paris sportifs

Les gains faits dans les loteries et aux paris sportifs et dans les concours analogues (par ex. paris sur les courses de chevaux), sont imposés dans tous les cantons.

Dans quelques cantons (Jura, Neuchatel et Valais notamment), ces gains sont imposés séparément. Dans tous les autres cantons, les gains (qui excèdent un certain montant) sont en revanche additionnés aux revenus du contribuable et sont soumis à l'impôt ordinaire sur le revenu.

Impôt sur les gains immobiliers

Les gains réalisés sur la fortune immobilière privée sont exonérés d'impôt au niveau fédéral. Seuls les bénéfices en capital réalisés lors d'aliénations (c'est à dire de la vente) faisant partie de la fortune commerciale (entrant dans l'actif commercial d'un contribuable exerçant une activité lucrative indépendante ou d'une société) ainsi que ceux provenant d'une opération de type professionnelle sont soumis à l'IFD.

En revanche, les gains réalisés par le contribuable lors de la vente d'un immeuble lui appartenant sont imposés dans tous les cantons.

Impôt foncier

L'impôt foncier consiste à imposer la propriété immobilière là où elle se trouve; le domicile du contribuable n'a en fait pas d'importance.

Pour le calcul de l'impôt, les immeubles non destinés à des fins agricoles sont en général estimés à leur valeur vénale, les immeubles agricoles et sylvicoles à leur valeur de rendement. Comme il s'agit là d'un impôt réel, il est calculé sur la valeur brute des immeubles, c.-à-d. sans tenir compte des éventuelles dettes qui les grèvent et qui ne peuvent pas être déduites.

L'impôt foncier est toujours proportionnel; les taux sont exprimés en pour mille et varient entre 0.3‰ et 3‰. A noter toutefois que les cantons de Zurich, Schwytz, Glaris, Zoug, Soleure, Bâle et Argovie ne possèdent aucun impôt foncier.

Droits de mutation

Les droits de mutation constituent un impôt sur les transferts de la propriété de biens immobiliers (et des droits y afférents) sis dans le canton ou commune. Il s'agit donc d'une contribution prélevée sur la transaction.

Ces droits de mutation sont perçus dans presque tous les cantons, seul quelques cantons ne prélèvent pas de droits de mutation à proprement parler, mais uniquement des émoluments administratifs de Registre foncier ou des droits d'enregistrement. Les barèmes sont généralement à un taux fixes et s'élèvent entre 1 et 3% du prix d'achat.

Taxe professionnelle communale

Les communes genevoises ont la possibilité de percevoir un impôt dû par les personnes qui exercent une activité lucrative indépendante, exploitent une entreprise ou possèdent une succursale ou un établissement stable sur le territoire de la commune. Les exploitations agricoles ne sont pas soumises à cette taxe pour la part d'activité qui n'a pas directement un caractère industriel ou commercial.

La taxe due par ces contribuables est calculée sur la base de coefficients applicables à leur chiffre d'affaires annuel, au loyer annuel de leurs locaux professionnels, ainsi qu'à l'effectif des personnes travaillant dans leurs entreprise.

Impôts sur la possession et les dépenses courantes

Impôt sur les véhicules à moteur

Pour être autorisés à circuler, tous les véhicules à moteur et les remorques qui ont leur lieu de stationnement en Suisse doivent être immatriculés. La délivrance - au nom du détenteur du véhicule - de l'autorisation de circuler (permis de circulation) et des plaques d'immatriculation est du ressort des autorités cantonales.

Le montant de la taxe varie en fonction du type de véhicule, ses particularités techniques (puissance, poids, respect de l'environnement, etc.) qui diffèrent selon le canton. La charge fiscale d'un même véhicule peut varier de façon assez importante d'un canton à l'autre. Certaines catégories de véhicules ou certains types de propulsion sont souvent exonérés de l'impôt (par ex. les véhicules électriques ou hybrides) ou profitent d'allégements fiscaux (par ex. véhicules catégorie A et B selon l'étiquette énergie ou le certificat d'émission de CO_2).

Pour être complet, il convient de relever que quelques cantons imposent aussi les bateaux à moteur ou à voiles. Ils doivent tous être immatriculés auprès d'un office cantonal, en principe le Service de la navigation.

Impôt sur les chiens

Dans tous les cantons, un impôt sur les chiens est perçu chaque année par le canton et/ou par la commune. L'impôt peut varier dans certains cantons en fonction de la taille ou du poids du chien. Au sein du même canton, le montant de l'impôt peut parfois varier d'une commune à l'autre. Dans la plupart des cantons, des allégements, voire des exonérations sont accordés dans certains cas (chiens-guides, chiens de sauvetage, etc.).

Impôt sur les divertissements

Il s'agit d'une contribution sur les manifestations publiques payantes, prélevée soit sous la forme d'un impôt sur les billets (en général 10% du prix d'entrée ou des recettes brutes), soit de manière forfétaire.

Droits de timbre cantonaux et droits d'enregistrement

Outre les droits de timbre fédéraux, il est perçu dans quatre cantons (Genève, Tessin, Vaud et Valais) des droits de timbre cantonaux. Ceux-ci frappent notamment certains documents délivrés aux particuliers et établis par les autorités judiciaires et administratives (jugements, pièces d'identité, extraits de registre etc.), actes ou écrits adressés par les administrés aux autorités (exploits judiciaires, requêtes, recours etc.) ainsi que des documents relatifs à des actes juridiques (contrats, testaments, quittances etc.).

Impôt sur les loteries

La plupart du temps, elle est établie en fonction du montant des mises (soit au moyen d'un taux fixe ou d'un barème dégressif ou progressif) parfois également selon d'autres critères (par ex. la grandeur de la salle où a lieu la manifestation). Les cantons de Bâle, Neuchatel, Schaffhouse, Thurgovie, Vaud et Zurich ne possèdent aucun impôt ni taxe de ce genre.

Taxe de séjour

La plupart des cantons perçoivent une taxe de séjour. Seuls les cantons de ZH, BL, et TG n'en possèdent pas. En règle générale, cette taxe est encaissée par les office du tourisme, parfois également par la commune.

323. IMPÔT SUR LES DÉPENSES OU FORFAIT FISCAL

L'impôt sur les dépenses ou forfait fiscal (impôt au forfait) est un impôt spécifique à la Suisse, qui ne concerne qu'un nombre très restreint de personnes (moins de 0.1% de la population), car il est réservé à des contribuables particulièrement aisés: ils payeront alors un impôt qui sera fonction de ses dépenses (dépenses supérieurs à 400'000.-, alors que la plupart du temps, l'impôt est fonction des revenus et/ou de la fortune).

Ce régime fiscal est en outre réservé aux personnes qui ne sont pas de nationalité suisse, qui n'ont pas résidé en Suisse dans les 10 dernières années et qui n'exerce pas d'activité lucrative en Suisse. Comme ce sont les cantons qui fixent les règles fiscales, il existe des différences significatives d'un canton à l'autre (comme c'est le cas par exemple pour l'impôt sur le revenu en Suisse). Hormis quelques cas célèbres, la plupart des bénéficiaires sont en fait des rentiers.

CALCUL DE L'IMPÔT SUR LES DÉPENSES

Bien que les taux d'imposition varie d'un canton à l'autre, les règles de calcul appliquées sont les mêmes partout en Suisse. L'administration fiscale détermine tout d'abord: le loyer annuel payé par la famille ou la valeur locative de la maison en cas d'un bien acheté. Depuis le 1er janvier 2016, elle multiplie alors ce chiffre par sept, ce qui constitue les dépenses minimums. Puis elle va s'attacher aux signes extérieurs de richesse. Le contribuable a-t-il du personnel de maison, des voitures, un yacht, un avion, des chevaux, une collection de tableaux, des enfants en école privée, etc.

En additionnant le coût d'entretien de ces éléments, l'administration fiscale fixera la dépense annuelle ou, en d'autres termes, le revenu imposable. Elle procédera ensuite à un calcul de contrôle sur les éléments de revenu et de fortune de source suisse (actions/obligations/immeubles, etc.) qu'elle va comparer avec l'impôt sur la dépense. Le montant le plus élevé des deux éléments sera alors pris en considération pour le calcul de l'impôt qui est déterminé en appliquant les barèmes ordinaires d'imposition valables tant au plan cantonal (impôt canton-commune) que fédéral (impôt fédéral direct).

MONTANTS EN JEU

Dans la pratique, les cantons romands reçoivent des demandes pour des dépenses qui sont généralement supérieurs à 600'000.-, soit une moyenne de 216'000.- d'impôts (le taux d'imposition varie de 28% à 43% environ en fonction de la commune de domicile, du montant imposable et du statut familial).

Exemple

Un contribuable a par le passé négocié avec l'administration fiscale de son canton une base imposable de 250'000.-, couvrant l'impôt sur le revenu ainsi que l'imposition de la fortune. Sur ce montant est appliqué le taux d'imposition en vigueur pour cette tranche de revenu (mettons 33%). L'imposition annuelle du contribuable jusqu'à ce jour était de 82'575.-.

Le contribuable devient alors propriétaire de son logement: si l'on admet une valeur locative 300'000.-, ce dernier montant remplace la base négociée précédemment, soit un impôt d'environ 102'000.- (à un taux légèrement supérieur, soit ici 34%).

Imaginons maintenant que notre contribuable acquière un portefeuille d'actions suisse pour 15'000'000.-. Si le rendement annuel de ce portefeuille de titres suisses est de 3%, 500'000.-, l'impôt anticipé perçu sur le rendement de titres s'élève à 175'000.- (35% des gains). Le calcul de contrôle se décompose comme suit, imposition ordinaire:

- sur la fortune de 97'500.- (0.65%, taux d'imposition de la fortune, des 15'00'000.-)
- du revenu net de 170'552.- (avec 20'000.- de frais d'administration et gestion du portefeuille, soit 480'000.- à 38.5%, taux d'imposition du revenu pour cette tranche)

Le montant résultant du calcul de contrôle (265'052.-) est supérieur au montant d'impôt dû selon le forfait pur. C'est donc le montant résultant du calcul de contrôle qui sera retenu; déduit de l'impôt anticipé le montant dû à l'administration fiscale serait alors de 90'052.-

Lors de la votation de novembre 2014 sur l'abolition des forfaits fiscaux en Suisse, environ la moitié des 700 contribuables étrangers aux forfaits avaient déposé une demande pour quitter le canton en cas de oui, ce qui aurait représenté environ 75 millions de recette en moins, et l'obligation de revoir de nombreux élément du budget de fonctionnement de l'État.

4. COMMERCE ET GLOBALISATION

41. CARACTÉRISTIQUES

411. SPÉCIALISATION ET DIFFÉRENTIATION

Avant d'aborder les questions de comparaison, nous aborderons celles de la croissance et de la spécialisation.

CROISSANCE DES ÉCHANGES

L'essor des échanges internationaux est le résultat d'une ouverture croissante des économies nationales. Elle est soutenue par un phénomène de mondialisation qui s'appuie sur des organisations multinationales, qui possèdent ou contrôlent à partir d'une société-mère plusieurs filiales dans plusieurs pays. Dans ce cadre, l'on voit les échanges se libéraliser, ce qui se traduit par un abaissement des barrières douanières.

Parallèlement le progrès technique accompagné d'une diminution des coûts de communication et de transport, favorise grandement la circulation de tous les biens économiques (produits, services, capitaux, monnaie) entre les pays.

Le GATT (General Agreement on Tariffs and Trade, accord sur les tarifs douaniers), dont le siège se trouve à Genève, a été mis en place en 1947 pour réguler ces échange. Institution En 1995, l'OMC (Organisation Mondiale du Commerce), dont le siège est également à Genève, a pris sa suite afin de fixer les règles du commerce international entre pays.

En revanche, certains services restent pour le moment difficilement exportables: notamment les services non marchands comme la santé.

SPÉCIALISATION ET AVANTAGE COMPARATIF

Adam Smith en 1776, expliquera ainsi que les pays détiennent un avantage absolu lorsqu'ils produisent un bien moins cher que les autres et possède une plus grande capacité de production. Par exemple, si l'Angleterre produit en une journée 300 litres de vin, alors que le Portugal peut en produire 600 litres, le Portugal dispose d'un avantage absolu sur l'Angleterre dans la production de vin.

Qu'en est-il des pays, comme la Suisse, qui ne disposent à priori d'aucun avantage absolu? l'économiste David Ricardo étendra la théorie d'Adam Smith au début du XIXe siècle et mettra en évidence les avantages du commerce international au travers de la théorie de l'avantage comparatif: chaque pays doit prendre en compte un ensemble plus large de facteurs et se spécialiser dans la production pour laquelle son avantage comparatif est le plus grand (ou pour laquelle sa production a le moins grand désavantage comparativement aux autres) et de l'échanger avec un autre produit.

Ces théories ont été approfondies dès le début du XXe siècle par la théorie des facteurs de production (travail, capital, terre, entrepreneuriat) présents dans un pays. Cette théorie énonce qu'un pays donné a intérêt à se spécialiser dans la production qui nécessite le plus le facteur de production dont le pays dispose en abondance, car c'est ce facteur qui sera valorisé. Par exemple, en Australie, la terre est un facteur en abondance, l'Australie a donc intérêt à se spécialiser dans la production de biens qui nécessite de la terre.

Il faut toutefois prendre garde à ne pas considérer les facteurs de production uniquement d'un point de vue quantitatif, mais aussi qualitatif (on peut disposer de tout le Sahara, soit un immense espace terrien, sans pouvoir se spécialiser dans l'agriculture, car peu propice à cette activité). C'est la naissance des notions de différentiation.

DIFFÉRENTIATION

De nombreux auteurs (dont un certain S.B. Linder, ministre suédois dans les années 70), le marché extérieur est un prolongement du marché intérieur. Les pays échangent des produits d'utilités semblables mais qui se différencient par la qualité réelle ou perçue, leur sophistication, etc.

Exemple

La Suède importe des voitures allemandes vendues sur son marché, de même que des voitures suédoises (Volvo) sont vendues à des consommateurs allemands. Cela tient entre autre au fait de la perception, réelle ou non, par les suédois d'une qualité spécifique des voitures allemandes, estimées plus puissantes, par exemple.

Barrières à l'entrée et situations oligopoles

Au delà des qualités, sophistications, etc., entre aussi en ligne de compte, les goût propres à chacun. La différenciation devient dès lors une stratégie où les entreprises chercheront des secteurs de niches ou de monopole, avec des barrières à l'entrée qui seront principalement liées au produit (le lieu de production devenant moins prépondérant).

Paul Krugman, économiste américain et prix Nobel d'économie en 2008, a montré l'existence d'économies d'échelle et de situations de concurrence imparfaite (en particulier en situation de quasi-monopole). Les économies d'échelle permettent de réduire le coût de production (notamment dans le secteur industriel, qui nécessite des investissements et coûts fixes élevés).

L'existence d'un seul producteur (ou un nombre limité de producteurs) est alors plus efficace pour produire de grand volumes et diminuer autant que possible les coûts par unité vendue: il est alors très difficile pour un concurrent de se lancer sur le marché. Krugman observe que la plupart des échanges internationaux se font dans des industries qui sont dans cette situation, des industries oligopolistiques (où il y a un nombre réduit d'offreurs).

412. FORCES ET FAIBLESSES DU COMMERCE INTERNATIONAL

AVANTAGES ET LIMITES DU LIBRE-ÉCHANGE

Avantages

Pour les consommateurs, les avantages du libre-échange et du développement du commerce international sont évidents: variété des produits et prix des produits, et donc gain du pouvoir d'achat. Les entreprises sont ainsi poussée à améliorer leur compétitivité et augmenter le volume de vente.

Cette compétitivité s'exprime en particulier sur:

- La différenciation (qualité, innovation, design, image de marque, etc., voir plus haut)
- Le prix

En s'implantant sur un marché étranger où le fait d'être par exemple d'être d'origine suisse est perçu comme un gage de qualité, une telle entreprise améliorera sa compétitivité hors-prix.

Limites

Le commerce international et son développement via le libre-échange présente parfois un certain nombre d'inconvénients, tant pour les producteurs que les consommateurs:

- Disparition de productions locales pas assez compétitives, et pour lesquels les consommateurs ne sont pas prêts à payer la différence de prix, et donc réduction d'une certaine diversité
- Délocalisation de tout ou partie des activité dans des régions où il est possible de produire à moindre coût, occasionnant ainsi des pertes d'emplois

A noter que l'on entend souvent parler de "dumping social" pour désigner la mise en place de réglementations concernant le travail ou des avantages octroyés afin d'attirer certains investisseurs au détriment des autres et qui conduisent à des politiques protectionnistes et à une forte volatilité des prix.

Volatilité des prix liés aux taux de change

Le taux de change est le prix (le "cours") d'une monnaie dans une devise étrangère. Si le cours du francs suisse en euro est de 1.10 il faut céder 1.1 chf pour obtenir 1 euro. Hors le taux de change a des effets importants sur les importations et/ou exportations, en effet: lorsque la demande de monnaie est supérieure à l'offre, la monnaie s'apprécie (augmente), cela diminue le prix des importations et augmente le prix des exportations; inversement lorsque la demande de monnaie est inférieure à l'offre, la monnaie se déprécie (diminue), cela augmente le prix des importations et diminue le prix des exportations.

Mise en place de politiques protectionnistes

Il existe diverses pratiques de protectionniste, une des plus connue, mais pas la plus fréquente, étant les barrières tarifaires (taxe appliquée sur des produits étrangers entrants); on remarque cependant principalement des barrières non-tarifaires (c'est-à-dire autres que les droits de douane), telle que les quotas (ou contingents, volume annuel maximum d'importation), l'imposition de normes diverses, techniques, sanitaires ou autres.

Cette pratique vise à interdire ou limiter les importations de biens et services afin de protéger les entreprises et activités nationales de la concurrence extérieure. La mise en place de telles politiques se pratique en vue d'éviter les inconvénients présentés ci-dessus, que cela soit pour des raisons stratégiques ou culturelles.

Exemple

Dans les années 1970, le Japon a mis en place des règles protectionniste afin de permettre à ses entreprises de développer un savoir-faire dans la construction de composants de mémoire vive. En taxant les importations de ces composants, le Japon a permis aux entreprises locales de devenir des spécialistes du domaine, alors que sans les mécanismes protectionnistes, les producteurs américains initialement plus avancés auraient inondé le marché japonais et probablement fait disparaître l'industrie japonais.

Cette politique comporte cependant certains inconvénients, notamment au niveau:

- De l'innovation, puisque les entreprises disposent d'un marché protégé, elle ne sont pas menacés par la concurrence et peuvent devenir inefficaces
- Des prix, les offreurs étant en situation de monopole sur le marché national, ils peuvent imposer des prix plus élevés que ceux du marché international
- Des risque de rétorsion et de limitation des exportations, à savoir que si un État met en place des mesures protectionnistes, les autres États peuvent mettre en place, à leur tour, divers mesures à l'encontre des exportations de cet État, indépendamment des secteurs concernés initialement

Exemple

En 2009, pour protester contre l'interdiction par l'UE de l'importation de bœuf traité par hormones de croissance, les Etats-Unis ont menacé de mettre en place des mesures de rétorsion en augmentant les droits de douane sur des produits fromagers.

Pour toutes ces raisons, la communauté internationale s'est doté d'organismes de régulation.

413. ORGANISATIONS INTERGOUVERNEMENTALES

POLITIQUE ET CULTUREL

Organisation des Nations Unies (ONU / UN)

L'Organisation des Nations Unies est une organisation internationale fondée en 1945. Aujourd'hui, elle compte 193 États Membres. La mission et le travail des Nations Unies sont guidés par les objectifs et principes énoncés par sa Charte fondatrice, notamment: croissance économique et développement durable, paix et sécurité internationales, développement de l'Afrique, droits de l'homme, aide humanitaire, justice et droit international, désarmement et non-prolifération des armes nucléaires, chimiques et conventionnelles, contrôle des drogues, prévention du crime et lutte contre le terrorisme international.

Organisation des Nations unies pour l'éducation, la science et la culture (UNESCO)

La création de l'UNESCO répond à une conviction forte des nations marquées par deux conflits mondiaux en moins d'une génération: les accords économiques et politiques ne peuvent suffire à construire une paix durable. Celle-ci doit s'établir sur le fondement de la solidarité intellectuelle et morale de l'humanité. Elle s'attache à construire entre les nations des réseaux qui rendent cette solidarité possible: en se mobilisant pour que chaque enfant, fille ou garçon, ait accès à une éducation de qualité, comme droit humain fondamental et condition du développement humain, en favorisant le dialogue inter-culturel par la protection du patrimoine et la mise en valeur de la diversité culturelle, en développant des projets de coopération scientifique qui renforcent les liens entre les nations et les sociétés, en veillant à la protection de la liberté d'expression, comme une condition essentielle de la démocratie, du développement et de la dignité humaine.

Communauté européenne

Union Européenne (UE)

L'Union européenne (UE) forme un partenariat politique et économique entre 28 pays couvrant une bonne partie du continent européen.. Son premier objectif est de renforcer la coopération économique, en partant du principe que les pays liés par des échanges commerciaux deviennent économiquement interdépendants, et sont donc moins enclins à entrer en conflit. La Communauté économique européenne (CEE) a ainsi été créée en 1958, instaurant une coopération économique de plus en plus étroite entre six pays: l'Allemagne, la Belgique, la France, l'Italie, le Luxembourg et les Pays-Bas. Depuis, un marché unique plus large a vu le jour, qui continue à se développer.

Espace Économique Européen (EEE)

L'Espace économique européen (EEE) est une union économique rassemblant 31 États: les 28 États membres de l'Union européenne (UE), et trois des quatre États membres de l'Association européenne de libre-échange (AELE). L'EEE résulte d'un accord d'association signé en mai 1992 entre les États membres; l'accord assure la libre-circulation des marchandises, des services, des capitaux et des personnes. La Suisse ayant refusé par référendum la ratification de ce traité, elle passe par la voie de signatures d'accords bilatéraux avec l'UE, mais en dehors du champ strict de l'EEE.

TRAVAIL ET SANTÉ

Organisation Internationale du Travail (OIT)

L'OIT a été fondée en 1919 sous l'égide du Traité de Versailles, qui a mis fin à la Première Guerre mondiale. La création de l'OIT s'inscrivait dans le droit fil de la réflexion selon laquelle une paix universelle et durable ne peut être fondée que sur la base de la justice sociale. La mission de l'OIT s'articule en quatre grands objectifs stratégiques: promouvoir et mettre en œuvre les principes et droits fondamentaux au travail, accroître les possibilités pour tous d'obtenir un emploi et un revenu décents, étendre le bénéfice et l'efficacité de la protection sociale, renforcer le tripartisme et le dialogue social; en effet, l'action de l'OIT repose sur la coopération entre les gouvernements et les organisations d'employeurs et de travailleurs, en vue de favoriser le progrès économique et social.

Organisation Mondiale de la Santé (OMS)

L'OMS a fait ses premiers pas lorsque sa Constitution est entrée en vigueur le 7 avril 1948. Cette date est commémorée chaque année lors de la Journée mondiale de la santé. L'Organisation compte plus de 7000 professionnels travaillant dans 150 pays et au Siège à Genève. Son rôle est de diriger et de coordonner la santé mondiale au sein du système des Nations Unies.

COMMERCE ET DÉVELOPPEMENT

Organisation Mondiale du Commerce (OMC)

L'Organisation mondiale du commerce est née en 1995. Comptant parmi les organisations internationales les plus jeunes, l'OMC a succédé à l'Accord général sur les tarifs douaniers et le commerce (GATT), créé au lendemain de la seconde guerre mondiale.

En février 1997, dans la foulée, un accord a été conclu sur les services de télécommunication où 69 gouvernements acceptant d'entreprendre des mesures de libéralisation très larges, dont la portée allait au-delà de celles qui avaient été convenues initialement. De nouvelles négociations sur l'agriculture et les services ont été engagées en 2000. Elles ont été intégrées dans un programme de travail élargi sur les biens et services, adopté à la quatrième Conférence ministérielle de l'OMC, tenue à Doha (Qatar), en novembre 2001. L'OMC compte à ce jour plus de 160 membres, qui représentent presque de 95 pour cent du commerce mondial.

Programme des Nations Unies pour le développement (PNUD)

Présent dans plus de 170 pays et territoires, le PNUD contribue à éradiquer la pauvreté et réduire les inégalités et l'exclusion. Il aide les pays à élaborer des politiques, à développer des compétences en leadership et aptitudes touchant aux questions de: développement durable, gouvernance démocratique, climat et adaptation. En particulier, le PNUD encourage la protection des droits de l'homme et favorise la participation active des femmes.

INSTITUTIONS FINANCIÈRES

Fonds Monétaire international (FMI)

Le FMI a été créé en juillet 1944, lors d'une conférence des Nations Unies aux États-Unis. Les quarante-quatre pays représentés à la conférence voulaient établir un cadre de coopération économique pour éviter que ne se reproduisent les dévaluations compétitives qui avaient contribué à la grande crise des années 30. Dès lors, l'objectif premier du FMI est de veiller à la stabilité du système monétaire international, en d'autres termes, le système international de paiements et de change qui permet aux pays (et à leurs citoyens) de procéder à des échanges entre eux. Le mandat du FMI a été actualisé en 2012 pour couvrir l'ensemble des questions macroéconomiques et financières ayant une incidence sur la stabilité mondiale.

Banque Mondiale (BM)

Depuis sa création en 1944, la Banque mondiale s'est élargie pour passer d'une seule institution à un groupe de cinq organismes de développement étroitement liés entre eux, en particulier: la Banque Internationale pour la Reconstruction et le Développement (BIRD) qui prête aux pays à revenu intermédiaire et aux pays pauvres solvables; l'Association Internationale de Développement (IDA) qui accorde des prêts ou des crédits sans intérêt et dons aux pays les plus pauvres. Ensemble, la BIRD et IDA forment la Banque mondiale; elle est complétée par la Société Financière Internationale (IFC) qui finance des prêts, des fonds propres et des services de conseil pour stimuler l'investissement privé dans les pays en développement. La Banque mondiale s'est fixée deux objectifs qui visent à i) ramener l'extrême pauvreté à 3 % d'ici à 2030 et ii) promouvoir une plus grande équité dans les pays en développement.

THINK TANK

Organisation de Coopération et de Développement Économique (OCDE)

L'OCDE a été constituée en 1961 afin de promouvoir les politiques qui amélioreront le bien-être économique et social partout dans le monde. Elle offre aux gouvernements un forum où ils peuvent conjuguer leurs efforts, partager leurs expériences et chercher des solutions à des problèmes communs. Tous ces travaux ont pour point commun un engagement en faveur du développement durable, de l'emploi et des échanges, reposant sur la coopération internationale pour le biens communs.

Forum Économique Mondial / World Economic Forum (WEF)

Ce forum est connu pour sa réunion annuelle à Davos, qui réunit des dirigeants d'entreprise, des responsables politiques du monde entier ainsi que des intellectuels et des journalistes, afin de débattre des problèmes les plus urgents de la planète, y compris dans les domaines de la santé et de l'environnement. Il a été créé en 1971 par Klaus M. Schwab, alors professeur d'économie à l'Université de Genève.

42. ÉCONOMIE SOLIDAIRE

Il existe deux principales manières de concevoir l'économie solidaire et le développement durable. La première, manière traditionnelle, considère que, pour survivre aux enjeux énergétiques et climatiques de la croissance, il nous faut investir massivement dans la recherche et mettre en œuvre de nouvelles technologies et énergies ainsi que modifier la fiscalité avec l'introduction de droits à polluer et de taxes carbone notamment. Selon ce scénario, des énergies renouvelables seront découvertes et l'on pourra continuer à vivre « comme avant » (avec des voitures hybrides pour aller au supermarché acheter des produits bio et solidaire). La seconde approche, alternative, postule que notre croissance actuelle repose sur l'investissement pour une société consumériste. Cette société produit non seulement des externalités négatives sur l'environnement mais aussi des déséquilibres sociaux et humains: inégalités nationales et internationales, diverses souffrances au travail, développement humain médiocre, en sont quelques exemples. Selon ce scénario, il faut développer de nouveaux modes de vie, styles de vie, de nouvelles manières d'entreprendre et de travailler. Dès lors, se fixer comme seul objectif un changement technique et la découverte de nouvelles énergies ne peut pas régler nos problèmes. Il faut, toujours selon ce modèle, plutôt axer le développement sur la qualité de la croissance, sur le développement humain et le capital social... Or le domaine le mieux placé pour en parler est certainement l'économie sociale et solidaire.

421. LE COMMERCE EQUITABLE

Le terme équitable signifie que ce commerce doit garantir un revenu minimum et stable aux petits producteurs, revenu non soumis aux fluctuations boursières sur les cours mondiaux des matières premières et produits alimentaires.

Du consom'hâteur au... consom'acteur

Le concept de commerce équitable, apparu au milieu des années 1960 à l'initiative d'associations de solidarité, s'est rapidement répandu à travers toute l'Europe. Depuis 1969, date de création du premier "Magasin du Monde", on a vu se multiplier les enseignes. Dans les années 1970, les associations pionnières, comme Artisans du Monde, Rapunzel en Allememagne, Max Havelaar aux Pays-Bas, ont ouvert un chemin, tentant de promouvoir un commerce équitable. Les années 1980 ont marqué un net tournant pour la consommation de masse. Les consommateurs occidentaux, gavés de produits toujours moins chers et de pubs toutes plus aguicheuses les unes que les autres sont devenus sensibles aux problèmes d'environnement et aux conditions de productions dans les pays "en développement".

Il est vrai que le commerce international se soucie de tout, sauf d'éthique, de droits sociaux et de pollution de la planète... En achetant des produits issus du commerce équitable, nous avons l'assurance de respecter un peu plus les producteurs. En outre, nous nous octroyons le pouvoir d'éliminer du marché les produits qui ne respectent pas notre éthique, l'environnement et/ou les lois sociales... En matière de distribution de produits bio, le groupement biocoop s'est fondé sur ce même principe, procurer des revenus justes et stables aux petits producteurs bio de proximité, en popularisant le concept de consom'acteur.

Effets

Selon un rapport de l'Association européenne du commerce équitable (EFTA), les points de vente au détail sont aujourd'hui plus de 3'000. On compte environ 15 fédérations nationales dans 13 pays, regroupant 2'500 associations locales animées par près de 50'000 personnes. Le commerce équitable a déjà permis à plus de 800'000 familles productrices, soit quelques 5 millions de personnes, d'améliorer leur niveau de vie au quotidien et on estime qu'il progresse de 10 % à 25 % par an selon les pays concernés.

Aujourd'hui, l'enjeu politique du commerce équitable est fondamental: ré-humaniser les rapports commerciaux Nord/Sud, Est/Ouest, réintroduire les notions d'équité et de respect de l'autre dans le commerce traditionnel. Les leçons du commerce équitable doivent être dispensées à tous les acteurs économiques pour que le commerce international retrouve des valeurs et des principes respectueux de l'être humain.

422. INVESTISSEMENT RESPONSABLE

L'investissement responsable est une forme de placement qui prend compte certains critères liés à l'environnement, aux questions sociales et de gouvernance sans en négliger le rendement financier. En effet, le retour sur investissement fait partie du concept de durabilité, puisque les fonds investit doivent pouvoir être ré-utilisés et favoriser l'impact de manière répétée. Ces placements sont habituellement regroupé sous forme de portefeuilles.

L'INVESTISSEMENT SOCIALEMENT RESPONSABLE (ISR)

En plus des critères d'évaluation utilisés dans l'investissement traditionnel, l'investissement responsable intègre des critères extra-financiers dans la sélection et la gestion des placements. Le portefeuille ainsi créé est composé d'entreprises qui démontrent une volonté d'améliorer leurs pratiques dans les domaines ESG suivants:

Environnement

- Biodiversité
- Changements climatiques et émission carbone
- Eau
- Agriculture et organismes génétiquement modifiés
- Recyclage
- Extraction des ressources naturelles

Social

- Droits des travailleurs et code de conduite
- Droits humains
- Approvisionnement en besoins de première nécessité
- Travail des enfants
- Santé
- Tourisme sexuel
- Violence et militarisation

Gouvernance

- Fonctionnement des conseils d'administration
- Rémunération des dirigeants
- Droits des actionnaires
- Contributions politiques
- Succession

Critères ESG et engagement actionarial

On distingue plusieurs grandes approches:

La sélection ESG : cette approche consiste à sélectionner les entreprises ayant les meilleures pratiques environnementales, sociales ou de gouvernance. La méthode de gestion la plus répandue est l'approche Best in Class qui consiste à privilégier les émetteurs les mieux notés d'un point de vue extra-financier au sein d'un secteur d'activité donné.

L'exclusion : le gérant exclut les entreprises qui ne respectent pas les normes ou conventions internationales ou des secteurs d'activité donnés tels que le tabac, les armes ou encore la pornographie (cette méthode est largement pratiquée en Suisse et dans tous les pays anglo-saxons)

L'engagement actionnarial : il consiste, pour les investisseurs, à exiger des entreprises une politique de responsabilité sociale forte et l'exercice des droits de vote des minorités aux assemblées générales

D'après le rapport de la "Global Sustainable Investment Alliance" (GSIA), 13'600 milliards de dollars serait gérés selon cette approche à travers le monde

L'INVESTISSEMENT D'IMPACT

Bien que les "investissements socialement responsables" (ISR) occupent une place prépondérante dans le marché des investissements, l'investisseur et l'entité bénéficiaire, contrairement à l'investissement d'impact, ne mesure pas nécessairement un impact social ou environnemental précis. Au contraire des approches:

Thématique : qui n'incluent que des entreprises agissant dans un secteur spécifique ou favorisant certaines pratiques dans les domaines du développement durable tels que les énergies renouvelables, l'eau, le traitement des déchets, la santé, etc.

Philanthropique : cherche à améliorer le sort de l'humanité par de multiples moyens, y compris les donations

L'investissement d'impact représente un peu plus de 20 milliards de dollars à l'échelle mondiale.

Produits pour les investisseurs d'impact

Ces produits sont disponibles aussi bien aux privés qu'aux organismes institutionnels, comme les fonds de pension.

Dépôts à terme

Ce sont des dépôts détenus dans une institution financière pendant un terme fixe variant d'un mois à quelques années. L'argent ne peut être retiré qu'à l'échéance ou sur préavis prédéterminé.

Obligations

Les obligations vertes sont par exemple spécialement conçues pour financer des projets qui présentent des avantages sur le plan environnemental, réduction des gaz à effet de serre, adaptation aux changements climatiques, amélioration de l'efficacité énergétique ou l'utilisation accrue des énergies renouvelables notamment.

Fonds d'investissement

Plutôt dédiés aux investisseurs qualifiés et institutionnels, ils offrent la possibilité de prendre des parts par l'intermédiaire de fonds ou directement dans des sociétés ayant une solide feuille de route en matière d'amélioration sociale ou environnementale. Ces fonds nécessitent de la part des investisseurs un seuil relativement élevé de tolérance au risque.

Capital-risque

Permet d'investir, par le biais de fonds ou en direct, dans des sociétés en démarrage dont la stratégie intègre des objectifs sociaux ou environnementaux.

La microfinance

Cette classe de produit donne accès aux financement à de petites entreprises dirigées par des personnes habituellement pauvres ou désavantagés, leur permettant ainsi de parvenir à l'autonomie financière. Nous aborderons ce domaine de manière plus détaillée par la suite.

Biens immobiliers

L'objectif est d'obtenir un rendement financier tout en favorisant des objectifs environnementaux ou sociaux dans le logement abordable, l'efficacité énergétique, le réaménagement de terrains contaminés, voire même l'agriculture urbaine et/ou l'agriculture biologique.

Evaluation de l'impact

Le processus d'évaluation comporte certains défis, notamment celui de bien la différence entre intrant, extrant, résultat et impact.

Le tableau ci-dessous précise la signification de ces termes et donne des exemples de l'utilisation de chacun d'eux.

Intrant	Activité	Extrant	Résultat	Impact
Ressources	Projet faisant l'objet d'un financement	Résultats directs de l'activité	Changement direct ou indirect observé	Mise en relation des moyens et des résultats obtenus
Financement d'un programme de santé	Envoi de médecin et professionnel	Nombre de personnes mises à disposition et visites effectuées	Réduction du nombre de décès	Diminution du taux de mortalité par dollars investi

Pour évaluer et comparer les occasions d'investissement, les investisseurs d'impact ont besoin de mesures normalisées, ni trop complexes ni trop exigeantes en temps et en argent. Parmi les cadres d'évaluation actuellement utilisés pour les extrants, les résultats et les impacts, on compte des paramètres liés à la préservation de l'environnement, à la responsabilité sociale et à la gouvernance (ESG, ou Environment, Social and Governance), les normes sur l'investissement et l'information d'impact (Impact Reporting and Investment Standards, ou IRIS) et le rendement social de l'investissement (Social Return on Investment, ou SROI).

Bailleurs internationaux en faveur de l'inclusion financière

Bien que les bailleurs internationaux manifestent depuis longtemps leur appui à l'inclusion financière, cet appui a été mis à rude épreuve au cours des dernières années. Les résultats des études d'impact ont ramené à un niveau plus réaliste les espoirs placés dans le micro-crédit. Et pourtant, l'aide financière internationale continue d'augmenter. En 2013, les bailleurs de fonds internationaux ont consacré, selon CGAP, au moins 31 milliards de dollars à l'inclusion financière, inclue la finance d'impact.

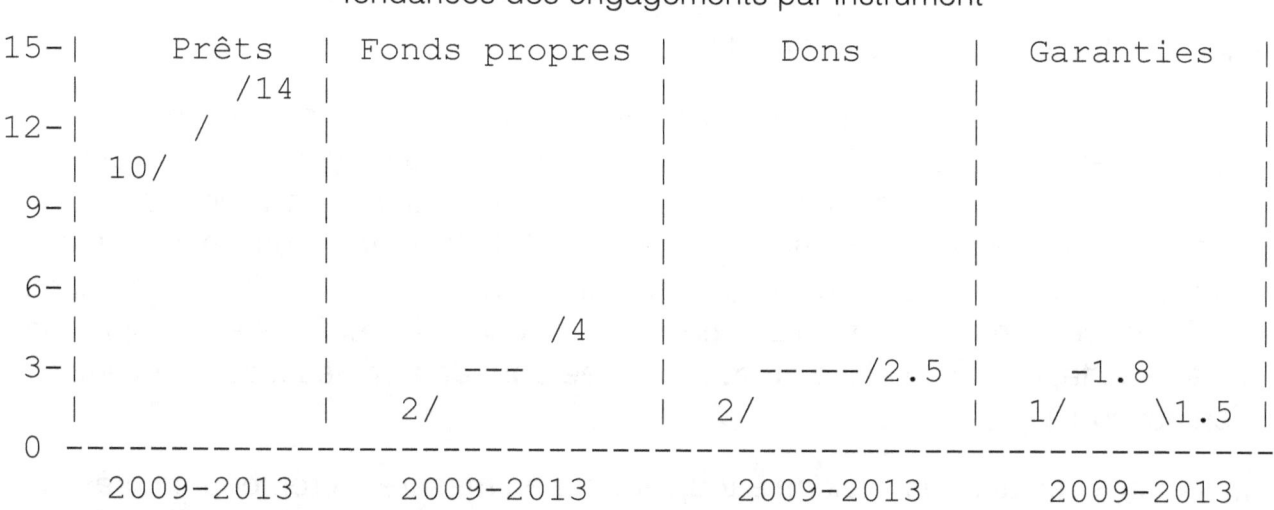

Tendances des engagements par instrument

```
15-|      Prêts      | Fonds propres  |      Dons      | Garanties   |
   |            /14 |                |                |             |
12-|        /       |                |                |             |
   | 10/            |                |                |             |
 9-|                |                |                |             |
   |                |                |                |             |
 6-|                |                |                |             |
   |                |            /4  |                |             |
 3-|                |        ---     |    -----/2.5   |    -1.8     |
   |                |      2/        | 2/             | 1/     \1.5 |
 0 ---------------------------------------------------------------------
     2009-2013        2009-2013        2009-2013        2009-2013
```

En 2010, l'inclusion financière est devenue une priorité du G20. Depuis, et malgré un contexte difficile, les bailleurs internationaux ont démontré leur engagement en faveur de cet objectif de développement, notamment en augmentant leur soutien financier. Actuellement une attention particulière est portée à l'offre de services, c'est-à-dire à l'élargissement de la gamme des produits, à la promotion de pratiques financières responsables et à l'amélioration de la gestion et de la gouvernance. Cependant, plusieurs bailleurs de fonds s'accordent à reconnaître les limites des interventions sur l'offre, constatant que ces dernières ne se traduisent pas toujours en impact globaux sur le marché. Ils insistent sur la nécessité de porter une plus grande attention aux moyens de changer le fonctionnement des systèmes et non uniquement aux bénéficiaires directs de leur aide.

LA MICROFINANCE

Souvent considérée comme une classe d'actif à part entière, la microfinance totalisent environ 13 milliards de dollars en 2015, en croissance de 25 à 30% chaque année depuis plus de dix ans, une de ses principale caractéristique, outre son impact, est la répartition du risque pour l'investisseur et l'accès à l'emprunt pour les plus démunis.

Petites sommes, grands enjeux: témoignage

Trois femmes sont assises l'une à côté de l'autre sur un banc. Chacune avec un sac à main sur les genoux. La porte-parole de l'organisation locale de paysans pose fièrement devant sa "banque": une cabane toute en longueur avec quelques orifices d'aération et trois bureaux. À droite se trouve le bureau pour l'épargne, où le client peut déposer son argent en échange, comme preuve du dépôt, d'une lettre avec plusieurs signatures. À gauche, se trouve le bureau de prêt, pour emprunter de l'argent.

Le secrétaire de la "banque" apparait à l'entrée de la cabane et, de manière très officielle, appelle une femme, Hélène. Dix minutes plus tard, elle sort avec l'équivalent de dix dollars en francs congolais, une petite fortune.

Elle se rendra demain, avec cet argent prêté (qu'elle n'aurait obtenu nulle part ailleurs), au marché afin d'y acheter de la farine. Le lait et les œufs, elle les produit elle-même. Avec ces ingrédients, elle fera cuire des gaufres, qu'elle vendra au marché. Elle le fait depuis plusieurs années et le produit de la vente dépasse le coût des ingrédients, ce qu'elle avait calculé en compagnie du secrétaire. La différence est minime, le bénéfice infime, mais suffisant pour payer l'école des enfants et l'hospitalisation de la cadette, la fois où elle a dû être soignée pour de terribles maux de ventre. Elle s'en est sortie.

Pendant toutes ces années, Hélène a toujours été en mesure de rembourser ses dettes et peut donc emprunter à nouveau.

Pourquoi la microfinance?

La réponse à cette question est simple: parce qu'elle répond a un besoin et que plus du tiers de la population mondiale n'a pas accès aux services financiers d'une banque. Une personne qui souhaitent avoir recours à un organisme financier traditionnel fera face à de nombreux les obstacles:

- Preuve de sa solvabilité et être en mesure de rembourser leur prêt ex ante; présenter des garanties sont, sous la forme d'argent ou de biens (c'est précisément ce que les pauvres n'ont pas)
- Pour les femmes, c'est encore plus difficile, car elles ne peuvent pas toujours faire appel à une banque de manière indépendante et en leur propre nom
- Le coût administratif d'un "petit crédit" est souvent le même que celui d'un gros crédit, ce qui n'est financièrement pas soutenable
- Distance entre les milieux ruraux et les grandes banques, généralement situées dans les villes … le ticket de bus coûte parfois plus que le montant de la mensualité à rembourser

Si l'on veut sortir de plus en plus de monde de la précarité, ces services sont nécessaires. Certains organismes de microfinance combinent même leur octroi de crédits à des programmes de formation, ce qui permet également la lutte contre l'exclusion, en particulier des femmes.

Assurance

Ce sont les gens qui sont les plus démunis qui ont le plus besoin d'une assurance. Etre pauvre signifie en effet être vulnérable. Le moindre coup dur peut déboucher sur des problèmes plus graves encore et entraîner les intéressés sous le seuil de pauvreté. Une récolte ratée, des pluies diluviennes, une longue période de sécheresse, la maladie ou un décès peuvent avoir un impact énorme sur le revenu. Dans de tels cas, une micro-assurance permet d'éviter à ces personnes de s'enfoncer davantage dans la précarité. Elle permet à l'emprunteur, même en cas de coup dur, de poursuivre le remboursement du crédit en cas de maladie ou de décès.

Méthodologies de prêts

La grande majorité des institutions de microfinance (IMF) accorde des crédits sur la base de prêts à des groupements solidaires sans garantie. Il y a également toute une série d'autres méthodologies: certaines évoluent avec le temps, en fonction de l'historique des remboursement.

Prêts collectifs

Les prêts collectifs permet de prêter de petites sommes d'argent à un grand nombre de clients qui ne peuvent pas présenter de garanties matérielles. Le groupe sélectionne ses membres avant d'obtenir un prêt. Les membres du groupe sont alors responsables conjointement du remboursement de tous les prêts et se réunissent régulièrement (souvent chaque semaine) pour collecter les remboursements. Dans le cas où un membre ne rembourse pas, le groupe entier ne sera plus autorisé à emprunter.

L'une des institutions d'épargne et de prêts collectifs les plus connues est la Grameen Bank, qui s'adresse principalement aux femmes (98% des client-e-s), partant du principe que celles-ci remboursent mieux leurs crédits que les hommes. La moyenne des prêts varie de 100 à 200 dollars, pour une période de 3 à 12 mois. Dans les pays en transition, la moyenne des prêts tend à être plus élevée.

Prêts individuels

Comme nous l'avons vu, seul un petit nombre d'institutions financières conventionnelles accorde des prêts individuels à des personnes à bas revenus, simplement dû fait que les clients les plus pauvres sont considérés à hauts risques. Ce type de prêts exige donc très souvent une mise en garantie.

Mutuelles de crédit

Les mutuelles de crédit sont des organisations populaires qui opèrent comme des coopératives d'épargne et de crédit. Elles collectent l'épargne et fournissent des prêts à court terme. La demande en prêts dépasse parfois l'épargne déposée si bien que les prêts aux adhérents sont le plus souvent limités et fixés sur la base de leur épargne. On a constate cependant que certaines tranches de population ne peuvent pas bénéficier des mutuelles de crédit parce que le niveau d'épargne exigé était trop élevé.

Village banking ou caisses villageoises

Le "village banking" constitue un modèle de services financiers qui permet aux communautés pauvres de créer leurs propres mutuelles de crédit et d'épargne, appelée aussi caisses villageoises. Ce modèle a été créé par FINCA (Fundación Integral Campesina) au Costa Rica et en Bolivie au début des années 80. Une caisse de crédit (agence) fournit à ses membres des lignes de crédit sans garanties matérielles pour les prêts et un lieu où placer l'épargne. L'agence parraine les caisses villageoises, qui peuvent donc octroyer des prêts par tranche plus petite sans être limité par l'épargne.

Les emprunteurs commencent avec un très petit montant puis progressent jusqu'à un plafond de crédit établi en fonction de l'épargne réalisée. L'épargne des membres est conservée par l'agence ou la caisse villageoise. Les normes commerciales sont appliquées pour les taux d'intérêt et les commissions; la caisse villageoise table par ailleurs sur les pressions et l'entraide entre les membres pour assurer les remboursements qui ont lieu tous les quatre à six mois.

Dans les zones rurales de certaine région du monde, les caisses villageoises ont rencontré plus de difficultés pour établir un rapport de confiance et de solidarité: pour des raisons encore mal comprises, elles ont souffert d'un grand nombre d'abandons de la part de leurs membres. Le faible niveau d'alphabétisation serait une des cause qui expliquerait un niveau de contrôle sur les organisations défaillant.

Associations d'entraide et de crédit ou tontine

Les tontines existent dans de nombreuses parties; la encore, ce sont souvent des organisations dominées par des femmes qui épargnent de petites sommes d'argent et peuvent emprunter à partir d'un pot commun distribué selon un principe tournant. Il existe également un système de tontine, type police d'assurance, qui assiste les membres en difficulté financière à cause de vols, procès, maladies ou incendies.

Les tontines sont très largement utilisées en Afrique de l'ouest. Au Sénégal, par exemple, elles permettent à leurs membres d'épargner de très petites sommes d'argent, à un rythme préétabli, et d'obtenir des prêts sans intérêts. À Dakar, les tontines sont devenues progressivement très importantes pour financer des transactions à court terme et des activités de service. Elles constituent la principale forme d'organisation d'épargne informelle et la somme totale engagée est considérable.

423. DÉVELOPPEMENT DURABLE

ÉCONOMIE STANDARD DU DÉVELOPPEMENT DURABLE

Zoom sur les ressources naturelles

En l'absence de lois qui règlent le fonctionnement et le développement des trois piliers du développement durable, on constate que, in fine, les débats restent largement axée sur les questions d'environnement, de climat, de ressources naturelles et d'énergie.

Trois piliers du développement durable

```
------------------------------/--\----------------------------
|         SOCIÉTÉ             /    \          ÉCONOMIE        |
| Satisfaire les besoins    /      \  Créer des richesse et  |
| en santé, éducation,     | équitable | améliorer les condition |
| habitat, emploi, équité   \        /  de vie               |
| inter-génération, prévention\ ----- /                      |
\ contre l'exclusion          /      \                      /
 \ /-------------------------| DURABLE |----------------------\ /
  /          vivable         |        |        viable        /
 / \-------------------------\ ----- /----------------------/ \
|                     ENVIRONNEMENT                          |
|            Préservé la diversité des espèces, les          |
|              énergies et ressources naturelles             |
|                                                            |
 \----------------------------------------------------------/
```

Ainsi, des grandes organisations comme l'ONU, l'économie du développement durable se concentre en fait le plus souvent sur deux piliers différents: **progrès et efficacité économique** d'une part, et **préservation de l'environnement et gestion des ressources rares** d'autre part. En fait, il s'agit le plus souvent d'intégrer les « contraintes » écologique dans le calcul économique afin de garantir des performances et l'efficacité économique. Dans cette perspective, la fonction de bien-être social est la somme actualisée des consommations. Selon cette approche, traditionnelle, il est considéré que pour survivre aux enjeux énergétiques et climatiques de la croissance il faut

1. investir massivement dans la recherche et développement
2. mettre en œuvre de nouvelles technologies et énergies
3. modifier la fiscalité avec l'introduction de droits à polluer et de taxes carbone notamment

Ce type d'analyse s'appuie souvent sur des modèles macroéconomiques où des agents économiques représentatifs effectuent des choix avec horizon infini en employant des techniques avec des facteurs de production substituables, en bénéficiant des innovations. On retrouve alors devant le problème de l'effort que chacun doit consentir pour préserver les ressources naturelles et l'environnement. Le choix, en Suisse, comme en Allemagne ou en France, de poursuivre ou non le développement de l'énergie nucléaire est directement lié aux préférences temporelles dans la mesure où l'essentiel des coûts liés à cette énergie sont reportés sur les générations suivantes. Toujours est-il que dans cette approche macroéconomique standard, les questions de développement durable sont d'abord des questions liées aux ressources naturelles et indirectement aux problèmes de justice sociale.

Cette économie du développement durable est plus une économie des ressources naturelles, de l'énergie et de l'environnement que systémique, comme préconisée par les agences inter-gouvernementales comme l'ONU ou la Banque Mondiale.

ÉCONOMIE ALTERNATIVE DU DÉVELOPPEMENT DURABLE

Zoom sur les enjeux sociaux

Les travaux de Thomas Vinod & al. de la Banque Mondiale sur la qualité de la croissance effectuent une synthèse des travaux menés depuis les années 90, et reprennent le principe des trois piliers présenté plus haut.

Ils attirent l'attention sur l'importance, certes d'une croissance soutenue, mais surtout des caractéristiques de cette croissance, ce qu'ils appellent la qualité de la croissance. Cette qualité de la croissance se mesure notamment en termes d'impact. En particulier, il montre que certaines politiques économiques apportent de la croissance sans avoir d'impact significatif sur la pauvreté, le capital humain ou l'environnement au sens large, engendrant des inégalités insoutenable sur le long terme, y compris par l'économie. Autrement dit, après décomposition des effets de la croissance sur une série d'indices, il apparait qu'une analyse agrégée traditionnelle de la croissance n'est pas pertinente pour un développement harmonieux.

En fait, selon cette approche dite alternative, un développement à long terme est impossible s'il ne prend pas en compte ces trois éléments:

1. Si la politique économique à court terme peut ignorer une partie, long terme, ces éléments sont complémentaires
2. Prendre soin de l'éducation et de l'égal accès à l'éducation sans se soucier d'environnement et de ressources naturelles, est inefficace à long terme

3. A un moment ou à un autre, le développement économique sera bloqué par l'un de ces facteurs, à moins de veiller dès le départ à les intégrer dans les objectifs de développement

Si il est vrai que le développement est lié aux six facteurs que sont, le travail (flux), le capital matériel, humain et naturel (stock), l'énergie et l'entrepreneuriat (flux et stock), on peut considérer qu'une vision court-terme peut substituer un facteur par un autre, alors que sur le long terme, la relation est en fait complémentaire.

En résumé, la plupart de nos outils de croissance actuelles reposent sur une incitation d'accumulation du capital matériel et financier alors que le bien-être repose sur le capital humain et social ainsi que sur le capital naturel. La discussion sur la qualité de la croissance montre que le seul objectif de croissance des richesses n'est pas totalement satisfaisant, même si le taux de chômage (facteur important du bien-être) reste étroitement lié à la croissance. Il existe en revanche une relation nette et négative entre croissance (du PIB) et dégradation de l'environnement, acceptée maintenant par tous (comme le montre l'accord COP21 signé par 95% des pays à Paris en 2015).

Les nouvelles régulations économiques obligent désormais les grandes sociétés à prendre en compte dans leurs rapports les conséquences environnementales de leur activité. Mais il n'existe pas pour le moment de véritable processus d'harmonisation.

L'économie solidaire et le développement durable tend à être invoquée en situation de crise comme « la » réponse au dilemme présent. Notons cependant qu'il ne s'agit pas d'un modèle parfait, une solution unique et magique à la sortie de crise, mais une vision alternative au modèle de pure rentabilité: à la dimension individualiste et intéressée de l'homo oeconomicus, s'oppose la vision d'un homme motivé par le collectif et prêt à accepter un salaire moins élevé pour gagner plus de sens et adhérer à une structure dans laquelle les valeurs sont censées mieux se développer.

Y. RÉVISION ET CAS PRATIQUES

En Suisse

	PIB nominal	Habitants	PIB/Hab.
1990	373 458	6.75	55 327
1991	380 893	6.83	55 768
1992	388 301	6.89	56 357
1993	396 366	6.94	57 113
1994	402 223	6.99	57 543
1995	404 130	7.06	57 242
1996	407 410	7.08	57 544
1997	415 948	7.10	58 584
1998	427 658	7.12	60 064
1999	435 464	7.16	60 819
2000	458 779	7.20	63 719
2001	470 214	7.26	64 768
2002	469 338	7.31	64 205
2003	474 015	7.36	64 404
2004	489 369	7.42	65 953
2005	507 463	7.46	68 025
2006	538 125	7.51	71 654
2007	573 080	7.59	75 505
2008	597 381	7.70	77 582
2009	587 061	7.79	75 361
2010	606 146	7.87	77 020
2011	618 325	7.96	77 679
2012	624 592	8.04	77 686
2013	635 331	8.14	78 050
2014	648 038	8.24	78 645
2015	653 870	8.35	78 308

Y1. NOTIONS

ÉLÉMENTS FONDATEURS

Besoins

Lorsque deux biens satisfont le même besoin,il s'agit de:

A. biens complémentaires

B. biens substituables

C. compléments de production

D. substituts de production

Réponse: B

La production de planches de bois implique automatiquement la production de sciure de bois. On peut dire que les planches de bois et la sciure sont des:

A. biens complémentaires

B. biens substituables

C. compléments de production

D. substituts de production

Réponse: C

Biens et services

Quelle est la différence entre un bien de production et un bien de consommation?

Un bien de production permet de créer un bien de consommation. Exemple: une machine est un bien de production. Le mobilier qui a été créé par cette machine est un bien de consommation.

Compléter par un exemple pertinent, en respectant le sens de la flèche et la nature du flux.

Nature du flux : monétaire	Exemple ?
Entreprise —> Etat	Impôt sur le bénéfice, Taxes...
Etat —> Ménage	Rentes AVS, AI, allocations, subventions, subsides aux primes de caisse maladie, salaires....
Entreprise —> Banque	Intérêts sur emprunts bancaires, commissions sur placements...

125

Nature du flux : biens et services (flux réel)	Exemple ?
Entreprise —> Reste du monde	Produits d'exportation (machines, chocolat...) Services (banque et assurance...)
Etat —> Ménage	Sécurité, routes, hôpitaux, infrastructures...
Entreprise —> Ménage	Des marchandises (écran plasma, produits d'alimentation....) Des services (assurances...)

Valeur ajoutée

Soit le schéma de réalisation de meubles de cuisine suivant

	Scierie*	Menuiserie*	Vente de meubles	Installateur
Valeurs de la production	2'000.-	5'000.-	18'000.--	25'000.--
Consommations intermédiaire		2'000.-	5'000.-	18'000.-
Valeurs ajoutées	2'000.--	3'000.--	13'000.-	7'000.-

* basée dans un pays de la communauté européenne

Calculer la somme des valeurs ajoutées dans ce processus de réalisation de meubles

25'000.-

Que représente la somme des valeurs ajoutées des entreprises établies sur le territoire national?

Le PIB, qui ici se monte à 20'000.- (25'000-5'000)

COURANTS DE PENSÉES

QCM

Quel est le système économique qui caractérise la Suisse?

A. L'économie sociale de marché

B. L'économie de marché

C. L'économie planifiée

D. L'économie financière

Réponse : A

Y2. MACROÉCONOMIE

LES SYSTÈMES ÉCONOMIQUES

Sous un angle économique, comment interpréter alors l'arrivée prochaine des "Hard Discounters" comme Aldi et Lydl sur le marché suisse de la grande distribution?

Du point de vue concurrentiel sur le marché de la grande distribution, c'est une bonne nouvelle. Le consommateur aura un plus grand choix de produits et il y aura une pression nouvelle sur les prix. D'ailleurs COOP et MIGROS se prépare activement à cette arrivée, la naissance des marques "bon marché" chez les deux géants suisses n'est en effet pas un hasard....

La commission européenne soupçonne l'existence d'un cartel mondial dans le commerce des tuyaux pétroliers. Elle vient d'en informer les principaux accusés, dont l'entreprise "Continental" par lettre. **Pourquoi la commission européenne mène-t-elle cette lutte?**

Un cartel est une entente de quelques producteurs sur un même marché. C'est donc une entrave à la liberté d'entreprendre et de faire du commerce. Il est évident que cet accord se fait à l'avantage des entreprises avec une conséquence négative pour les consommateurs (entreprises dépendantes et collectivités publiques)

Les entreprises coupables cherchent artificiellement à maintenir les prix à un niveau élevés leur permettant ainsi de réaliser des profits surfaits lors de conclusion d'affaire.

Ces agissements sont pénalement répréhensibles. Les entreprises reconnues coupables seraient susceptibles de payer de grosses amendes et leurs dirigeants être condamnés à des peines de prison.

MONNAIE ET POLITIQUES ÉCONOMIQUES

Définitions

Laquelle de ces mesures de la BNS est susceptible de réduire l'inflation:

A. Une hausse du taux directeur

B. Une baisse du taux directeur

Réponse: A

Quelles sont les 3 fonctions de la monnaie?

Moyen de paiement, mesure de valeurs, réserve de valeurs

Monnaie fiduciaire, monnaie scripturale, est-ce- la même chose?

Non, monnaie fiduciaire = billets de banque et pièces de monnaie; monnaie scripturale = écritures comptables.

Quelle différence faire entre la banque centrale (comme la BNS) et les banques commerciales?

La BNS est la banque des banques. Les banques commerciales sont en relation avec différents agents économiques.

Rôle des banques centrales

Quelle est la principale fonction de la BNS? Quels sont ses autres fonctions?

Rôle principal: mettre en place une politique monétaire et la faire appliquer dans l'intérêt général. Autres rôles: ajustement de la quantité de monnaie en circulation, assurer la stabilité des prix, garantir la stabilité extérieure de la monnaie nationale.

Quel est l'objectif des banques centrales concernant l'inflation?

L'objectif de la BCE est d'atteindre une inflation de 2% maximum. Ce taux d'inflation est normalement positif pour l'économie puisqu'elle indique souvent une haute conjoncture et une augmentation du PIB grâce à l'accroissement de la demande (consommation, investissement, exportations, ...).

Afin de lutter contre la déflation, que pourrait faire la présidence de la BNS, avec le taux d'intérêt directeur? Comment se nomme ce type de politique et comment cette mesure influencerait le comportement des agents économiques.

La présidence pourrait décider de diminuer le taux d'intérêt directeur. Même si celui-ci est déjà bas, une baisse de ce taux incite les entreprises et les ménages à emprunter. Il s'agirait d'une politique monétaire expansive qui mécaniquement ferait augmenter les prix mais qui inciterait les ménages à consommer et les entreprises à plus investir.

Supposons qu'une banque centrale décide de diminuer le taux d'intérêt directeur, comment évolueront à long terme les dimensions ci-dessous?

	__Hausse__	__Baisse__
Inflation	X	
Chômage		X
Croissance économique	X	
Taux de change		X
Masse monétaire en circulation	X	
Epargne		X

ÉCONOMIE NATIONALE

Mesure de la richesse

L'indice des prix à la consommation représente:

Un panier type censé représenter la consommation d'une population

Un indice du niveau de production d'un pays

La somme moyenne dépensée par une population en nourriture

Réponse: A

Donner une définition de l'IPC

L'indice des prix à la consommation (IPC) est l'instrument de mesure de l'inflation. Il permet d'estimer, entre deux périodes données, la variation moyenne des prix des produits consommés par les ménages.

Soit deux situations budgétaires pour deux pays différents (justifier les résultats).

valeurs en milliard	Madland	Namrisu
Dépenses publiques	350.-	20.-
Recettes	300.-	22.-
Solde budgétaire en monnaie locale	?	2.-
Solde en pour-cent du PIB	-10 %	?
Dettes publique en pour-cent du PIB	200 %	10 %
PIB annuel	500.-	10.-

Quels sont le solde budgétaire de l'Etat de Madland et le solde budgétaire en % du PIB du Namrisu?

```
300 - 350 = 50 mias de déficit pour Madland

2 / 10 = 20% d'excédent budgétaire pour le Namrisu
```

Combien vaut, en milliards, la dette publique de l'Etat du Madland?

```
200% * 500 mias = 1'000 mias
```

Qualifier (terme exact) le solde budgétaire du Namrisu.

```
Il s'agit d'un excédent budgétaire.
```

Combien faudrait-il d'années de PIB à l'Etat du Madland pour rembourser sa dette publique?

```
Il lui faudra 2 années de PIB, consacré seulement au remboursement de
la dette publique, afin d'en rembourser l'intégralité.
```

En tenant compte des critères connus concernant la dette publique, prononcez-vous sur une demande d'adhésion de Madland à une zone de libre échange.

```
L'Etat dépasse les critères de convergence concernant la dette pu-
blique de la zone Euro qui s'élève à 60% du PIB. L'Europe ne devrait
pas lui ouvrir ses portes.
```

Quel type de politique préconiseraient le Fond Monétaire International et/ou la commission européenne concernant l'Etat du Midland? Définir cette politique ou l'illustrer à l'aide d'un exemple.

```
La Troïka préconiserait une politique libérale d'austérité (rigueur)
à l'Etat du Madland, afin de résorber sa dette et payer moins d'inté-
rêts sur celle-ci. Elle doit diminuer ses dépenses et augmenter ses
recettes afin de retrouver un équilibre budgétaire. On peut diminuer
ses dépenses en coupant dans les aides sociales et augmenter ses re-
cettes en augmentant les impôts ou en favorisant la croissance.
```

Calcul du PIB

Code	Intitulé	CHF'mios
P.3	Dépense de consommation finale	395 320
S.14+S15	Ménages et ISBLSM	332 066
S.13	Administrations publiques	63 254
P.5	Formation brute de capital	114 581
P.51	Formation brute de capital fixe	115 016
P.5111b	Biens d'équipement	62 983
P.5111c	Construction	52 033
P.52	Variation des stocks	124
P.53	Acquisitions moins cessions d'objets de valeur	-559
P.6	Exportations de biens et de services	296 963
P.61	Exportations de biens	204 255
P.62	Exportations de services	92 708
P.7	Importations de biens et de services	232 551
P.71	Importations de biens	190 757
P.72	Importations de services	41 793

Déterminer le PIB nominal

```
PIB =   C      +  G   +   I    +   X    -    M
PIB = 324'146 + 62'042 + 106'950 + 279'221 - 217'988
PIB = 554'371 mios CHF
```

Pourquoi dit-on qu'un franc sur deux est gagné à l'étranger?

La Suisse compte beaucoup sur ses exportations pour augmenter sa richesse. Les exportations représentent une part considérable de la richesse suisse.

En sachant que la population suisse s'élevait à 7.8 millions d'habitants. **Mesurer le PIB par habitant (arrondir au franc).**

554'371 / 7,8 = CHF 71'073 par habitant

Le PIB nominal de l'année suivante s'élève provisoirement à 635'331 millions. **En sachant que l'inflation était négative, à -1/2%, mesurer le PIB réel (arrondir au million).**

635'331 = 99.5% hors inflation

PIB réel = 100 %, soit 638'524 mios

Cycle économique et tendances conjoncturelles

Donner une définition de la déflation, l'inflation.

La déflation correspond à une période pendant laquelle les prix des biens et services fournis sur un territoire baissent de manière générale et globale. **L'inflation** correspond à une hausse généralisée et globale des prix qui engendre une diminution du pouvoir d'achat de la monnaie y relative.

Citer quatre conséquences négatives de l'inflation sur l'économie.

Diminue le pouvoir d'achat, décourage l'épargne, stimule le gaspillage, crée des injustices (les revenus fixes, les rentiers sont défavorisés)

Expliquer pourquoi, en temps normal, une période de croissance économique engendre de l'inflation.

Lors d'une croissance économique, les agents (ménages, entreprises et Etat) consomment. Cela signifie qu'ils demandent plus de B/S et que ceux-ci deviennent rares. S'ensuit une augmentation des prix, c'est-à-dire de l'inflation.

Donner la définition du chômage structurel et de l'inflation importée; illustrer par des exemples.

Une inflation importée est une inflation qui n'est pas due à une augmentation de la demande globale (consommation) mais simplement au fait que certains prix augmentent (pétrole, céréales) et que les consommateurs sont mis devant le fait accompli. **Le chômage structurel** est un chômage qui survient lorsque les facteurs de production changent (remplacement du travail par le capital). Lors d'une innovation technologique, certains travailleurs deviennent inutiles à la production, s'ensuit un chômage structurel (long terme).

Expliquer les liens existant entre inflation et chômage.

Lorsque le pays subit une inflation, il y a généralement une diminution du chômage. Cela s'explique par le fait que, en période de croissance économique, les agents augmentent leur demande de B/S de consommation ou production. De ce fait, les prix augmentent (inflation par la demande). L'offre doit alors également s'adapter et les entreprises embauchent pour faire face à l'afflux de demande. Cela engendre une diminution du chômage.

Définir le terme de politique d'austérité et expliquer son impact sur l'inflation/récession.

La politique d'austérité a pour objectif de diminuer la dette publique d'un Etat en influençant son budget. En diminuant ses dépenses, l'Etat influence le pouvoir d'achat des ménages (baisse de la consommation) et ses propres investissements. En tentant d'augmenter ses recettes, l'Etat risque de faire chuter la consommation des ménages à cause d'augmentation d'impôts.

Y3. MICROÉCONOMIE

L'OFFRE ET LA DEMANDE

<u>Ajustement des prix</u>

Dans une situation de concurrence pure et parfaite, selon quelle loi les prix se forment-ils sur le marché?

La loi de l'offre et la demande.

De façon générale, lorsque le prix d'un bien diminue, quel est l'effet sur la demande de ce bien?

La demande de ce bien augmente.

Comment définit-on l'oligopole

L'oligopole est un marché caractérisé par un grand nombre d'acheteurs et un nombre restreint de vendeurs. Exemple: marché de la téléphonie.

Une augmentation du prix des chaussures de ski va:
A. Déplacer la courbe d'offre de chaussures de ski sur la droite
B. Déplacer la courbe d'offre de chaussures de ski sur la gauche
C. Provoquer une augmentation du prix des skis
D. Provoquer une diminution du prix des skis

Réponse: D

Quelle sera la conséquence sur le marché des cravates en soie si le prix de la soie augmente?
A. Le prix des cravates va diminuer
B. La courbe de demande de cravate va se déplacer vers la gauche
C. La quantité de cravates échangées sur le marché va diminuer
D. La quantité de cravates échangées sur le marché va augmenter

Réponse: C

Laquelle de ces caractéristiques n'est pas nécessaire pour parler d'une situation de concurrence parfaite?
A. Le marché n'est accessible qu'à un petit nombre de producteurs
B. Le marché est libre
C. Le produit est homogène
D. Il y a un nombre élevé d'acheteurs et de vendeurs

Réponse: A

Sur le marché de l'automobile, deux événements surviennent conjointement: une augmentation du prix de l'essence et une augmentation du prix d'une matière première essentielle à la fabrication des voitures. Que peut-on affirmer avec certitude?

A. Le prix des automobiles va augmenter

B. Le prix des automobiles va diminuer

C. La quantité de véhicules échangée sur le marché des automobiles va augmenter

D. La quantité de véhicules échangée sur le marché des automobiles va diminuer

Réponse: D

Si une baisse du prix du bien A déplace la courbe de demande du bien B sur la droite, on peut dire que A et B sont:

A. Des substituts de production

B. Des compléments de production

C. Des biens complémentaires

D. Des biens substituables

Réponse: C

Quand le prix d'un bien sur le marché est supérieur au prix d'équilibre:

A. Il y a un surplus de demande

B. Il y a un surplus d'offre

C. L'équilibre ne sera jamais atteint

Réponse: B

En Suisse, trois opérateurs se partagent le marché de la téléphonie mobile (Swisscom, Sunrise et Orange). Cette situation est appelée:

A. Monopole

B. Monopsone

C. Concurrence parfaite

D. Oligopole

Réponse: D

Donner six conditions d'un marché à la concurrence pure et parfaite.

Le marché est libre: la fixation du prix se fait par le jeu de l'offre et de la demande. Les produits sont homogènes, donc substituable entre les différents fabricants. Chacun agit de manière rationnelle: les consommateurs recherche le meilleur prix et la meilleure qualité et les producteurs recherchent la maximisation de leur profit. Le nombre d'acheteurs et de vendeurs est élevé. Personne n'est en mesure d'influencer le marché en sa faveur. Le marché est transparent. Chacun connaît l'ensemble des données du marché en question. L'accès au marché est facile tant à l'entrée qu'à la sortie.

Marchés et courbes d'offre et de demande

Soit l'offre et la demande sur le marché du beurre. Supposons que le prix de la margarine augmente; **quel est l'impact de cet événement sur la situation d'équilibre du marché du beurre?**

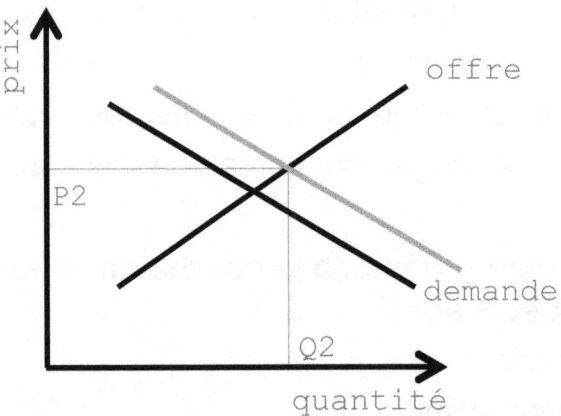

Soit l'offre et la demande sur le marché du pain. Supposons que le prix de la farine augmente de manière significative du fait de mauvaises récoltes; **quel est l'impact de cet événement sur la situation d'équilibre sur le marché du pain?**

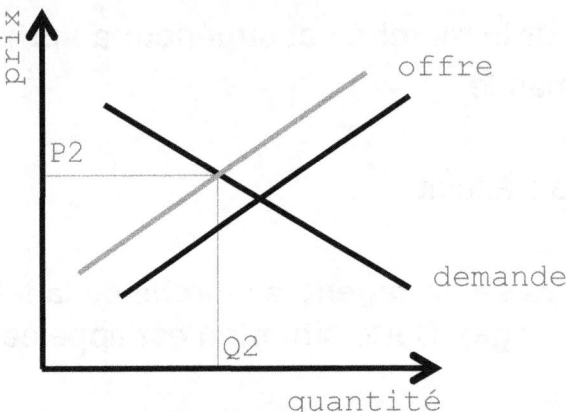

Le marché ci-dessous est initialement à l'équilibre. L'Etat intervient sur ce marché et impose un prix Pi supérieur au prix d'équilibre du marché. **Illustrer les conséquences de cette intervention.**

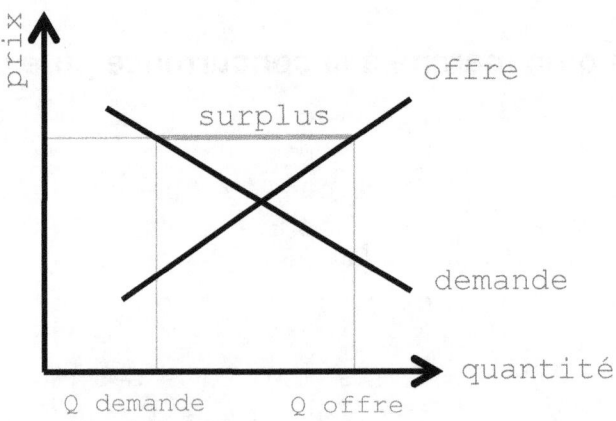

FISCALITÉ

Généralités

Quelles sont les prestations fournies par l'Etat?

Les assurances sociales (AVS, AI, etc.), l'enseignement, la santé et les infrastructures (routes, bâtiments publics, etc.), entre autres.

Comment l'Etat finance-t-il ces prestations?

En prélevant des impôts et des taxes (par exemple, l'impôt sur le revenu et la fortune ou la TVA - taxe sur la valeur ajoutée) sur les biens et les services consommés.

Quels sont les trois niveaux sur lesquels se répartissent les dépenses publiques en Suisse

La Confédération, les cantons et les communes.

Quand est-ce qu'il y a déficit budgétaire?

Lorsque les dépenses sont supérieures aux recettes.

A qui l'Etat suisse emprunte-t-il de l'argent?

Il l'emprunte à la BNS (Banque nationale suisse, dont les cantons sont propriétaires). Et il doit rembourser, car la BNS ne peut pas fabriquer de l'argent (pour compenser ce qu'elle a prêté) sans provoquer une dépréciation du franc suisse

Types d'impôts

En quoi les impôts directs sont-ils plus équitables que les impôts indirects?

Parce qu'ils correspondent à ce que le citoyen gagne ou possède directement, ils sont progressifs. Les impôts indirects sont les mêmes pour tous, indépendamment du revenu mais de la consommation (prix de vente le même pour tous); ce sont des impôts proportionnels.

Quelles différences fait-on entre l'impôt sur le revenu et l'impôt sur la fortune

L'impôt sur le revenu varie selon ce que gagne le contribuable (progressif). Le second se fonde sur le patrimoine du contribuable (fortune en banque, maison, terrain, voiture, etc.), il n'est pas progressif dans tous les cantons.

Quel genre d'impôts paient les entreprises en Suisse?

L'impôt sur le bénéfice (ce qui reste quand l'entreprise a payé toutes ses charges) et l'impôt sur le capital (ce que l'entreprise a investi pour démarrer, ce que « vaut » l'entreprise).

Comment se fait-il que le contribuable habitant à Genève ne paie pas le même impôt sur le revenu que celui vivant à Schwytz, alors qu'ils gagnent le même salaire?

Ces différences s'expliquent par le fait que les taux d'imposition cantonal et communal ne sont pas identiques dans les cantons et les communes.

Pour qui la Suisse est-elle considérée comme un paradis fiscal?

Pour les étrangers (riches) n'exerçant pas d'activité lucrative en Suisse et qui bénéficient d'un forfait fiscal basé sur leurs dépenses en Suisse et pour certaines entreprises comme les sociétés holding par exemple.

Y4. COMMERCE ET GLOBALISATION

ECONOMIE SOLIDAIRE ET DÉVELOPPEMENT DURABLE

Définir la notion de développement durable (DD)

Le DD est un développement qui répond aux besoins du présent sans compromettre la possibilité pour les générations à venir, de pouvoir répondre à leurs propres besoins.

Mentionner les 2 axes manquants du DD et leur indicateur respectif

Axes | Indicateurs
- Economique.................................. PIB
- Social .... Indice de Développement Humain
- Environnemental .... Empreinte écologique

Donner les termes qui définissent ces notions.

Développement durable
....

Développement qui répond aux besoins actuels sans compromettre la capacité des générations futures de répondre aux leurs.

Energies renouvelables
....

Energie qui ne diminue pas au fur et à mesure de la consommation humaine.

Ecologie
....

Science qui étudie les relations des êtres vivants entre eux et avec leur milieu naturel.

Pourquoi est-il important de diversifier ses ressources énergétiques en Europe? Donner un argument technique et politique en donnant à chaque fois un exemple.

Technique : il serait périlleux d'assurer son indépendance énergétique sur une seule source d'approvisionnement au risque de mettre en péril la consommation énergétique en cas de raréfaction.

Politique: au vue de la situation politique actuelle entre l'Europe et la Russie, être dépend du gaz russe serait dangereux (tout comme l'enjeu de l'accès à l'eau entre la Palestine et Israël).

INDEX, GLOSSAIRE, BIBLIOGRAPHIE, TABLE DES MATIÈRES

GLOSSAIRE

A-B

Accélérateur: relation qui établit que l'investissement est une fonction croissante de la consommation.

Actif: ensemble des biens matériels et immatériels détenus par un agent économique. Exemple:
un bien d'équipement ou les actions d'une autre entreprise.

Action: titre représentant une partie du capital d'une entreprise. Elle confère à son détenteur un droit de propriété sur une partie du capital et un droit de vote dans la gestion de l'entreprise.

Activité économique: ensemble des actes que doivent accomplir les hommes pour satisfaire leurs besoins à partir de la production et de l'échange de biens et services.

Actualisation: méthode qui consiste à exprimer la valeur d'une somme monétaire future en un équivalent actuel. Si je possède dix francs aujourd'hui, pour que j'accepte de l'échanger contre une somme dans un an, il faudra que l'on me propose plus que dix francs en échange. En effet, l'impatience, l'inflation, le coût d'opportunité de l'utilisation de cette somme pendant un an etc. me pousse à demander plus que la somme initiale (dix francs).

Agent économique: désigne les personnes physiques ou morales qui participent à l'activité économique.

Agent représentatif: en théorie économique, représente l'hypothèse selon laquelle l'économie serait formée d'agents identiques par leurs préférences ou leur fonctions de production. Il est suffisant alors de ne s'intéresser qu'au comportement d'un seul de ces agents pour comprendre le fonctionnement de l'économie dans son ensemble.

Agrégats monétaires: ensemble des moyens de paiement dans une nation. On distingue plusieurs agrégats en fonction du degré de liquidité de leurs composants. Les agrégats retenus sont:

M1 = Billets et monnaie (pièces) + dépôts à vue

M2 = M1 + placements à vue (livret, comptes d'épargne)

M3 = M2 + placements à forte liquidité (comptes à terme, certificats de dépôts, bons des institutions financières, t) et dépôts et titres de créances en devises.

M4 = M3 + billets de trésorerie et bons du Trésor.

Amortissement: en économie, mesure la perte de valeur subie par un stock de capital. Cette perte provient soit de son usure physique, soit de son obsolescence.

Anticipation: hypothèse subjective concernant l'évolution future d'une variable donnée permettant de fonder des prévisions en vue d'une action future.

Anticipations rationnelles: anticipations formées à partir de toute l'information dont dispose les agents sur les facteurs influençant la variable. L'information comprend les valeurs passées de la variable (comme dans les autres types d'anticipations) mais également les évènements présents ou à venir susceptibles d'affecter la variable dans le futur. Exemple: on apprend que la Banque Centrale veut augmenter la masse monétaire, les agents peuvent alors en déduire une inflation plus importante que prévu.

Anticipations statiques: anticipations qui se forment en considérant que la valeur future de la variable sera la même que sa valeur actuelle. Autrement dit, « demain sera le même qu'aujourd'hui » . Ce type d'anticipations n'est quasiment plus utilisé en économie.

Appréciation: désigne la hausse du cours d'une monnaie.

Asymétrie d'information: situation dans laquelle les participants à un marché ne possèdent pas tous la même information sur les produits, les risques, les préférences des autres agents etc., certains étant mieux informés que d'autres.

Austérité: politique économique consistant à comprimer la demande en vue de ralentir la hausse des prix. Synonyme de rigueur.

Autarcie: caractérise une économie sans échange, où chacun est auto-suffisant. Peut s'appliquer à un pays qui n'entretient pas de relations commerciales avec les autres pays. Exemple: Robinson sur son île, la quasi-autarcie de l'Allemagne hitlérienne. En réalité, l'autarcie véritable n'a jamais existé.

Autofinancement: financement (des investissements) fait à partir des ressources propres de l'entreprise, c'est à dire sans faire appel au à l'emprunt (bancaire ou obligataire) ou à la bourse (augmentation de capital).

Balance commerciale: compte récapitulant les importations et les exportations de biens d'un pays.

Balance des capitaux: compte récapitulant les entrées et sorties de capitaux d'un pays.

Balance des invisibles: compte récapitulant les exportations et importations de services et de revenus d'un pays.

Balance des paiements: compte retraçant l'ensemble des échanges d'un pays.

Balance courantes: compte récapitulant les opérations de la balance commerciale et de la balance des invisibles.

Banking school (British): théorie selon laquelle la monnaie doit être émise par la Banque Centrale librement pour servir les besoins des agents en monnaie, sans qu'il existe une couverture stricte des billets émis, par une quantité d'or détenue par la Banque Centrale.

Banque: organisme financier qui concentre les moyens de paiement, assure la distribution du crédit, le change, les opérations de tenue des marchés et l'émission de billets de banque. En général, cette dernière fonction est assurée par une seule banque dans le pays: la Banque Centrale.

Banque centrale: banque dont les fonctions sont l'émission de la monnaie fiduciaire et l'exécution de la politique monétaire. Elle est la banque des banques. Elle organise les règlements par compensation entre les banques (dites « de second rang »). Elle organise la surveillance et la sécurité du système financier national. Elle coopère avec les Banques Centrales étrangères dans l'organisation du système monétaire et financier international.

Base monétaire: monnaie centrale. Elle comprend les billets et pièces ainsi que les réserves des banques de second rang auprès de la Banque Centrale. Voir aussi multiplicateur de la base monétaire et diviseur de la base monétaire.

Besoin: sentiment de privation qui porte à désirer un bien ou un service. La satisfaction des besoins est le but de l'activité économique. Ce but n'est jamais complètement atteint. On suppose en économie que les besoins des hommes sont infinis et les ressources pour les satisfaire insuffisantes.

Bien collectif ou bien public: bien non-exclusif. On ne peut en empêcher sa consommation en faisant payer un prix à celui qui le consomme (exemple: l'éclairage public). Le fait que plusieurs individus le consomment en même temps ne retire pas d'utilité à l'un d'entre eux (exemple: un feu d'artifice). Il existe également des biens dits mixtes, qui respectent une seule de ces deux conditions

Bien économique: tout moyen capable de satisfaire un besoin. Il existe une infinité de biens économiques différents. En effet, un bien se caractérise non seulement par ses caractéristiques physiques, mais également par sa localisation et sa date de disponibilité. Exemple: une glace au chocolat n'est pas le même bien si

vous en disposez au pôle Nord ou en Afrique.

Bien-être: mesure la satisfaction d'un individu ou d'une collectivité. En économie, est souvent utilisé en référence à la théorie du bien-être qui étudie les conditions dans lesquelles l'Etat devrait intervenir pour corriger les défaillances du marché qui écartent une économie de marché de l'optimum de Pareto.

Biens complémentaires / substituables: deux biens sont complémentaires si leur utilisation conjointe permet de satisfaire un besoin. Exemple: un stylo et du papier. Deux biens sont substituables s'ils satisfont le même besoin ou des besoins proches. Exemple: l'automobile et le train.

Bulle spéculative: écart entre le cours d'un titre et sa valeur fondamentale. La bulle est la conséquence d'anticipations à la hausse du cours des titres. Les agents anticipent la hausse du cours des titres, demandent des titres. Leur prix augmente. Le phénomène est auto-entretenu. A un certain moment, un nombre croissant d'agents inversent le sens de leurs anticipations. Les cours chutent alors plus ou moins vite. On dit que la bulle "éclate".

Bureaucratie: système d'affectation des ressources selon des procédures non marchandes de type réglementaire.

C-D

Capital: revêt de nombreux sens. En première approche, il s'agit de tout actif susceptible de procurer un revenu. Dans une optique productive, il s'agit d'un des facteurs de production (aux côtés du travail), un bien utilisé dans la production d'autres biens. Par extension, on parle du capital pour désigner l'ensemble des biens de ce type. Cette approche a mené à une querelle entre les auteurs néoclassiques (Solow, Samuelson) et les auteurs postkeynésiens (Robinson) dans le cadre des recherches sur la croissance. Chez Marx, c'est le caractère structurant du capital qui importe, le fait qu'il crée une division en classes de la société entre ceux qui détiennent les moyens de production et ceux qui n'ont que leur travail pour vivre (les prolétaires).

Capital humain: aptitude des individus à s'insérer dans un processus productif. Il comprend pour l'essentiel l'éducation et la santé.

Capitalisme: système économique utilisant le capital comme facteur de production et basé sur son accumulation. Il suppose en général la propriété privée du capital.

Capitaux flottants: désigne au niveau international les capitaux qui s'investissent d'une place financière à l'autre en fonction des évènements conjoncturels.

Carré magique: voir politique conjoncturelle

Changes fixes: système de change dans lequel les taux de change sont fixés à la suite d'accords internationaux et dans lequel les Banques Centrales assurent la stabilité des taux de change de leurs monnaies par leurs interventions sur les marchés des changes. Exemple: l'offre de francs est supérieure à celle de dollars. Le cours du franc contre le dollar devrait diminuer. Pour éviter cela, la BNS va acheter des francs en les vendant contre des dollars, rétablissant l'équilibre entre offre et demande de francs contre dollars.

Changes flexibles (ou flottants): système de change où le cours des monnaies évolue selon les offres et demandes sur le marché des changes, sans que les Banques Centrales interviennent. En réalité, un tel système pur de changes flottants n'existe pas. Les Banques Centrales interviennent toujours pour éviter des fluctuations trop brutales des parités monétaires

Chocs d'offre / demande: désigne une hausse ou baisse inattendue de la production (par l'intermédiaire d'une hausse de la productivité) ou de la demande. Exemple: les chocs pétroliers ont constitué des chocs d'offre négatifs en augmentant les coûts de production, diminuant la productivité et la production.

Chômage: état d'un travailleur sans emploi, à la recherche effective d'un emploi et disponible pour occuper un emploi.

Chômage classique: chômage du à l'insuffisante rentabilité de l'activité économique. Dans une configuration de chômage classique, on peut avoir une demande de biens excédentaire mais qui, du fait de coût trop élevés, n'incite pas pour autant à produire et employer plus de main d'oeuvre.

Chômage conjoncturel: chômage du à un ralentissement temporaire de l'activité économique.

Chômage frictionnel ou naturel: taux de chômage jugé incompressible. Il est du aux difficultés qu'il existe pour qu'à tout moment tous les offreurs de travail trouvent un emploi et tous les demandeurs de travail trouvent des travailleurs correspondant aux emplois proposés. Il est donc dû à des imperfections de l'information sur le marché du travail. On emploi le terme naturel en référence à la théorie du taux de chômage naturel de Milton Friedman, qui a formalisé la notion de chômage frictionnel.

Chômage keynésien: chômage dû à une insuffisance de la demande effective.

Chômage structurel: chômage lié aux structures de l'économie ou au fonctionnement du marché du travail. Il ne peut être résorbé qu'en modifiant ces structures. Exemple: le chômage dû à l'insuffisance de qualifications de la main d'oeuvre dans un contexte ou de nouveaux métiers apparaissent et d'anciens disparaissent.

Chômage technologique: chômage lié au changement technologique, par substitution du capital au travail.

Cliquet (effet de): existence d'une non-réversibilité dans la variation d'une variable économique que l'on a l'habitude de voir orientée à la hausse. Exemple: quand le revenu d'un ménage diminue, les habitudes de consommation mettent du temps à changer.

Coefficient de capital: rapport entre la valeur du capital utilisé dans la production et la valeur de la production.

Composition organique du capital: voir les textes sur Marx dans la rubrique questions et réponses du site.

Concurrence imparfaite: se définit par opposition à la concurrence parfaite. Un marché se caractérise par une structure de concurrence imparfaite si l'un des principes de la concurrence pure et parfaite est violé de manière significative. Cela aboutit à des structures de type monopolistique, oligopolistique, de concurrence monopolistique etc.

Concurrence parfaite: structure de marché de référence en économie qui se caractérise par les quatre conditions suivantes :
- l'atomicité, un grand nombre d'offreurs et de demandeurs se rencontrent sur ce marché, de sorte qu'aucun agent ne peut avoir d'influence, par son seul comportement, sur les prix du marché
- l'homogénéité, tous les biens offerts sont strictement identiques
- l'information parfaite, chaque participant au marché peut connaître toutes les informations susceptibles de lui être utiles pour opérer les échanges les plus avantageux possibles
- la libre entrée et libre sortie, chacun peut à tout moment choisir de participer ou non au marché

Lorsque ces conditions sont respectées, l'économie de marché est censée conduire à une allocation optimale des ressources (d'après la théorie néoclassique). Cette formulation est critiquée par certains auteurs qui considèrent (à juste titre semble-t-il d'ailleurs) que les seules hypothèses de la concurrence parfaite énoncées par les théoriciens de l'équilibre général sont :
- Il existe pour chaque bien un prix affiché et connu de tous; hypothèse institutionnelle.

- Les agents ne pensent pas avoir une influence sur les prix affichés et croient pouvoir acheter et vendre à ces prix; hypothèse sur les caractéristiques des agents.
- Aux prix affichés, les agents formulent leurs offres; il n'y a pas d'échange direct
- Tous les biens présents et futurs ont un prix affiché; le système de marchés est complet

Conjoncture: éléments constitutifs de la situation économique d'un secteur, d'une branche, d'une région ou d'un pays à un moment donné.

Consommation: emploi d'un bien ou d'un service en vue soit de sa transformation dans la production (consommation intermédiaire) soit de la satisfaction d'un besoin (consommation finale) impliquant la destruction immédiate ou progressive de ce bien.

Contrat à terme: contrat précisant les conditions d'un échange qui aura lieu ultérieurement aux conditions précisées aujourd'hui. Exemple:
vente de 500 dollars contre 495 euros dans 3 mois.

Courbe de Laffer: courbe imaginée par l'économiste américain Arthur Laffer (1974), montrant un relation d'abord croissante puis décroissante entre le taux d'imposition et les recettes fiscales d'un Etat. La conséquence de la forme en cloche de cette courbe est qu'il existe un taux d'imposition optimal à ne pas dépasser, au delà duquel les agents sont découragés à fournir un effort supplémentaire et recherche plus systématiquement l'évasion fiscale. D'où une baisse des recettes fiscales. D'où également la formule: « Trop d'impôts tuent l'impôt »

Courbe de Phillips: relation économétrique mise en évidence par l'économiste Phillips, qui présente une relation décroissante entre le taux d'augmentation des salaires et le taux de chômage. On en a déduit une relation décroissante entre le taux d'inflation et le taux de chômage. Cette courbe met donc en avant la possibilité pour la politique économique de jouer sur une substitution entre le chômage et l'inflation.

Courbe d'indifférence: en microéconomie, ensemble des paniers de biens qui apportent la même utilité. Par exemple, en deux dimensions, lorsqu'un consommateur peut consommer deux biens différents 1 et 2, une courbe d'indifférence est l'ensemble des couples de consommation (x1,x2) tels qu'ils apportent un même niveau d'utilité (satisfaction).

Courbe en J: exprime l'évolution du solde de la balance commerciale après la dévaluation d'une monnaie nationale. Dans un premier temps, la balance commerciale se dégrade car les flux du commerce extérieur n'ont pas eu le temps de se modifier: les importations restent au même niveau alors que leur prix s'élève. Après un certain délai (environ six mois), le solde s'améliore car les exportations augmentent en volume et les importations baissent en volume.

Coût d'opportunité: gain qu'entraînerait un emploi différent d'une ressource économique. Exemple: l'investissement en éducation entraîne un coût d'opportunité courant qui peut s'évaluer par le salaire que toucherait l'individu en travaillant immédiatement.

Coût d'usage du capital: exprime les coûts engendrés par l'utilisation du capital. Il comprend principalement le taux d'intérêt et le coût de la dépréciation du capital.

Coût marginal: coût de la production d'une unité supplémentaire.

Coût moyen: coût de production total divisé par le nombre d'unités produites. Il représente le coût unitaire.

Crise économique: retournement brutal de la conjoncture se traduisant par un excès d'offre immédiatement suivie par une contraction de l'activité économique.

Croissance: augmentation sur une longue période du produit national par tête.

Croissance endogène: théorie expliquant la croissance des économies selon des facteurs endogènes à son évolution. Dans la croissance endogène, le progrès technique est le facteur clé de la croissance. Mais contrairement aux théories de la croissance exogène, le progrès technique ne tombe pas du ciel en dehors de la sphère économique, il est le résultat de l'activité de recherche d'utilité ou de profits des agents. Il peut se matérialiser dans les hommes qui accumulent du capital humain, dans les investissements en recherche et développement, dans les infrastructures publiques, dans la diffusion (mais alors involontaire) des connaissances par le commerce international etc. Le rôle des externalités dans ces modèles est majeur.

Croissance potentielle: taux de croissance maximal que peut atteindre une économie à un moment donné, compte tenu des possibilités de variation de ses capacités de production.

Currency school: théorie selon laquelle pour éviter l'inflation, chaque billet émis devrait avoir comme contrepartie sa valeur en or détenue par la Banque Centrale. Voir également multiplicateur de crédit et Banking School.

Cycle: fluctuations régulières de fréquences périodiques et d'amplitude relativement fixe de l'activité économique. Le cycle comprend quatre phases : l'expansion, la crise, la contraction et la reprise

Cycle de vie: l'individu choisit sa consommation en fonction de l'évolution prévue de sa richesse tout au long de sa vie (son cycle de vie).

Demande effective: dans la terminologie keynésienne, désigne la demande globale perçue (anticipée) par les entrepreneurs, à partir de laquelle ils prennent leurs décisions de production et d'emploi.

Demande globale: somme des demandes individuelles sur un marché (voire pour toute l'économie, en macroéconomie).

Demande nette: synonyme d'excès de demande, c'est la différence entre la demande globale et l'offre globale.

Défaillances du marché: situation dans laquelle l'efficacité maximale ne peut être atteinte par les mécanismes du marché, notamment en présence d'une situation de monopole ou d'oligopole, d'effets externes ou de biens publics.

Déflation: diminution générale et durable du niveau général des prix.

Dépression: conjoncture caractérisée, baisse de l'offre globale (mesurée en pratique par le PIB).

Dépréciation: en changes flexibles, baisse de la valeur d'une monnaie par rapport aux autres, par le jeu de l'offre et de la demande sur le marché des changes.

Désinflation: baisse du taux d'inflation.

Désinflation compétitive: politique économique qui consiste à s'appuyer sur un faible taux d'inflation pour rendre les entreprises nationales compétitives. Le processus recherché est le suivant: en maintenant un faible taux d'inflation, on conserve un taux de change relativement élevé. Cela a deux effets: d'une part, les exportations sont pénalisées, ce qui oblige les entreprises pour rester compétitives à faire des efforts sur les coûts (salariaux notamment) ; d'autre part, une monnaie forte réduit le coût des importations, ce qui est un avantage. Au total, les entreprises nationales sont plus compétitives. D'autre part, une faible inflation assure un niveau faible des taux d'intérêt à long terme, ce qui favorise l'investissement.

Dévaluation: en changes fixes, décision d'un gouvernement de diminuer la valeur de sa monnaie par rapport aux autres monnaies.

Diviseur monétaire: relation qui détermine la création monétaire dans une économie d'endettement. La base moné-taire est déterminée par la quantité de crédit octroyée par les banques (qui se retournent ensuite vers la Banque Centrale pour leur refinancement, d'où la variation de la base monétaire). L'offre de monnaie est exogène. Voir aussi multiplicateur monétaire.

Duopole: situation de marché de concurrence imparfaite caractérisée par la présence de deux offreurs face à un grand nombre de demandeurs.

E-F

Economie: science qui étudie la production, la répartition, la distribution et la consommation des richesses dans la société. D'un point de vue sémantique, l'Economie a pour particularité de porter le même nom que son objet d'étude.

Economie de marché: économie caractérisée par :
- la propriété privée des moyens de production
- la recherche légitimée de l'intérêt personnel
- l'allocation des ressources est guidée par les mécanismes de prix

Economies d'échelle: il y a économies d'échelle lorsque l'accroissement de la production permet de diminuer le coût moyen. Lorsqu'il y a économies d'échelle, il y a également rendements croissants. Le contraire est « déséconomies d'échelle ».

Effet de substitution: dans une situation où le prix d'un bien A diminue par rapport à celui d'un autre bien B, deux réactions sont possibles pour un consommateur :

- il peut choisir de consommer plus de A qui est devenu moins cher; on dit que l'effet substitution l'emporte
- il peut consommer autant de A (ce qui lui coûte moins cher qu'avant) et utiliser les économies réalisées à consommer plus de B; on dit que l'effet revenu l'emporte

Le choix dépendra de la fonction d'utilité du consommateur, qui représente ses préférences en termes de quantités de A et B consommées.

Effet d'annonce: effet recherché par les autorités de la politique économique lorsqu'elles annoncent des mesures à venir. Elles souhaitent ainsi influencer le comportement des agents économiques dans un sens souhaité. Exemple: en annonçant une faible progression de la masse monétaire, la banque centrale espère réduire les anticipations inflationnistes.

Effet d'éviction: décrit le mécanisme par lequel la hausse des dépenses publiques induit une baisse équivalente (ou pas) des dépenses privées d'investissement par la hausse du taux d'intérêt qu'elles provoquent sur le marché des fonds prêtés.

Effet externe: il y a effet externe lorsque l'activité d'un agent a une influence sur la satisfaction d'un autre agent. Il existe des effets externes de consommation et de production ; des effets externes positifs et négatifs. Exemples: un individu écoute de la musique à proximité d'un autre individu qui n'a pas les mêmes goûts musicaux. Il y a effet externe négatif de consommation. Une entreprise rejette des déchets dans une rivière. Il y a effet externe négatif de production

pour les riverains qui utilisent l'eau de la rivière. Une entreprise engage une agence de sécurité pour protéger le quartier dans lequel elle est située. Il y a effet externe de production (puisqu'il s'agit d'un acte lié à la production) et de consommation pour les particuliers qui sont eux aussi protégés. Dans tous les cas, celui qui subit ou bénéficie des effets externes n'est pas rémunéré pour les coûts encourus ou ne paie rien pour les avantages retirés. C'est une défaillance du marché qui, normalement, devrait rémunérer chacun selon les services rendus ou les coûts générés à autrui.

Efficacité: réalisation temporelle d'un objectif fixé.

Efficacité marginale: rendement escompté d'un bien en capital, c'est-à-dire les revenus que l'utilisateur espère en retirer pendant la durée d'utilisation et la vente de sa production, déduction faite des dépenses courantes de production. C'est la comparaison avec le taux d'intérêt monétaire qui va déterminer si on réalise ou non un investissement: si l'efficacité marginale du capital est supérieure au taux d'intérêt, l'investissement est réalisé.

Efficience: situation dans laquelle un objectif fixé est réalisé en utilisant pour cela le moins de ressources possibles.

Elasticité: mesure la variation relative d'une variable en fonction de la variation relative d'une autre variable. Exemple: l'élasticité de la demande d'un bien par rapport à son prix, exprime de combien de pour cent la demande diminue lorsque le prix augmente de un pour cent.

Endogène: se dit d'une variable qui est déterminée par le fonctionnement d'un modèle. Exemple:
dans IS-LM, le taux d'intérêt d'équilibre (entre autres !) est endogène.

Entrepreneur: personnage central dans la théorie de la croissance. On distingue deux types d'entrepreneurs:
1. innovateur, qui crée des innovations (donc prend des risques) dans le but de s'octroyer une rente de monopole
2. imitateur, qui accroît la production des biens issus de l'innovation
Selon certains auteurs, c'est le comportement de recherche de rente des entrepreneurs innovateurs qui permet à l'économie de sortir des phases de stagnation par la création de nouvelles innovations qui engendrent des périodes de croissance

Entreprise: unité économique autonome combinant divers facteurs de production, produisant pour la vente des biens et des services et distribuant des revenus en contrepartie de l'utilisation des facteurs. L'entreprise est généralement associée, à juste titre, au motif de profit. Mais dans la réalité (entreprises publiques), comme dans la théorie (théories de l'entreprise managériale, par exemple), le motif du profit n'est pas une constante de la définition de l'entreprise.

Epargne: on peut en donner plusieurs définitions :
• partie du revenu qui n'est pas consacré à la consommation immédiate
• renoncement à la consommation ou abstinence, d'où l'intérêt reçu

Epistémologie: étude critique des principes, des hypothèses et des résultats des diverses sciences destinée à déterminer leur origine logique, leur valeur et leur portée objective.

Equilibre économique: concept central en économie. Il s'agit d'exprimer la réalisation d'un état stationnaire (qui ne change pas) au niveau de l'optimum d'un agent (consommateur ou producteur), d'un marché (égalité offre / demande) ou d'une économie (égalité offre / demande sur tous les marchés).

Equilibre général: situation dans laquelle tous les agents maximisent leurs fonctions objectif (profit pour les producteurs, utilité pour les consommateurs) et où sur chaque marché l'offre est égale à la demande.

Exogène: se dit d'une variable qui n'est pas déterminée par le fonctionnement d'un modèle. Exemple: les dépenses budgétaires et la masse monétaire sont des variables exogènes. On leur donne des valeurs pour voir quel est leur effet sur les variables endogènes.

Expansion: phase du cycle économique durant laquelle la production croît.

Externalité: synonyme d'effet externe.

Facteurs de production: éléments dont la combinaison permet la production. On retient en général deux types de facteurs: le capital (auquel on adjoint parfois la terre) et le travail.

Fait stylisé: constat d'ordre empirique, généralement non quantifié, mais jugé représentatif du fonctionnement de l'économie. Les faits stylisés sont au coeur des discussions sur la démarche de la science économique. Certains auteurs contemporains (Kaldor par exemple) voudraient que les hypothèses des modèles en économie soient basées sur des faits stylisés, alors que d'autres (Friedman notamment) défendent une position inverse: les hypothèses n'ont pas à être réalistes, seule compte la capacité de prédiction des modèles.

Fonction de demande: relation entre la quantité d'un bien demandée et son prix, le prix des autres biens et le revenu d'un consommateur.

Fonction de production: relation entre la quantité produite d'un bien et les quantités des différents facteurs nécessaires à l'obtention du bien.

G-H-I

Globalisation: phénomène d'internationalisation des transactions commerciales et financières qui se caractérise par le jeu d'acteurs qui conçoivent leur activité et la recherche de l'efficience au niveau mondial.

Homo-oeconomicus: sujet abstrait, symbole de la rationalité dans les théories classique et néoclassique.

Homogénéité: voir concurrence parfaite.

Hyperinflation: inflation très élevée et dont le rythme s'amplifie généralement toujours au cours du temps.

Illusion monétaire: appréciation erronée de l'évolution des variables réelles suite à la hausse ou la baisse des variables nominales. Exemple: il y a illusion monétaire lorsque l'inflation est de 5%, que les salaires augmentent de 5% et que les travailleurs pensent que leur revenu réel a augmenté.

Incertitude: état dans lequel il est impossible à un agent de formuler des prévisions sur le futur car il ne connaît pas la probabilité d'occurrence d'un évènement et / ou il ne connaît pas la totalité des évènements possibles dans le futur. Distinct du risque.

Indexation: méthode consistant à faire évoluer contractuellement un revenu en fonction de l'évolution d'une autre variable. Exemple: les salaires sont indexés sur le taux d'inflation.

Indice des prix à la consommation: instrument pour mesurer l'évolution de l'ensemble des prix à la consommation. En économie, lorsqu'on parle du niveau général des prix, c'est à cet indice que l'on se réfère. Son principe de construction est le suivant: c'est une moyenne pondérée des prix des biens les plus consommés, chaque prix étant pondéré par l'importance relative du bien dans la consommation globale.

Inflation: hausse continue du niveau général des prix.

Institut d'émission: Banque Centrale (émet la monnaie).

Institutionnalisme: courant de la pensée économique qui met l'accent sur le rôle des institutions comme déterminant des phénomènes économiques.

Institutions: ensemble de règles socio-historiques qui définissent le cadre dans lequel les agents économiques prennent leurs décisions d'allocation des ressources. Exemple:

la monnaie est une institution car elle modifie la façon de procéder aux échanges par rapport au troc.

Intermédiation: mise en relation d'offreurs et de demandeurs sur un marché par un tiers. Exemple: les banques collectent l'épargne de leur clients, la placent sur le marché financier. Du côté de l'épargnant comme du côté de l'entreprise financée, le seul interlocuteur est la banque.

Investissement: au sens étroit, acquisition de biens de production en vue de l'exploitation d'une entreprise et de dégager un revenu ou augmentation de la capacité de production. Au sens large, acquisition d'un capital en vue d'en percevoir ou d'en consommer le revenu.

Isoquant: ensemble des combinaisons de facteurs (substituables) qui conduisent au même niveau de production.

K-L

Know-How: savoir-faire, connaissances techniques particulières nécessaires à la reproduction d'un procédé de fabrication ou de distribution.

Krach: effondrement des cours boursiers apparaissant souvent à la suite de mouvements spéculatifs.

Learning-by-doing: apprentissage par la pratique. L'un des mécanismes évoqués pour expliquer la croissance dans les théories de la croissance endogène.

Libéralisme: pas forcément simple à définir. Doctrine économique qui prône la libre concurrence et qui s'oppose donc tant à l'intervention de l'Etat qu'à la constitution de monopoles ou d'oligopoles privés. Cette doctrine est fondée sur la conviction qu'il existe un ordre économique naturel réalisé par des mécanismes d'ajustement qui ne peuvent jouer que dans le libre jeu des initiatives individuelles sur des marchés.

Libre-échange: situation dans laquelle les flux économiques internationaux sont libres. Par extension, doctrine de l'échange international qui stipule que chaque pays participant à l'échange international à intérêt à n'opposer aucune contrainte aux flux économiques (biens, services, facteurs de production) entre pays. Le libre-échange améliorant la situation de tous. C'est une extension du libéralisme à l'ensemble des économies nationales.

Liquidité: propriété d'un bien à être utilisé plus ou moins rapidement dans un emploi donné. Exemple: la monnaie est l'actif liquide par nature pour opérer des transactions. Les liquidités d'une économie sont la somme des moyens de paiement disponibles dans cette économie.

Logrolling: procédure de marchandage parlementaire, qui consiste pour des parlementaires à échanger des votes sur des projets différents.

Loi d'Okun: évolution du taux de chômage comme une fonction décroissante du taux de croissance de l'économie. On en a déduit que si la croissance est situé entre 2 et 3%, le taux de chômage est stable.

M-N

Macroéconomie: branche de l'économie qui étudie les mécanismes économiques du point de vue de grandeurs et de groupes d'agents agrégés. La macroéconomie a pour but de construire des fonctions de comportement globales ad hoc où à partir d'hypothèses concernant l'agrégation de comportement microéconomiques et d'en déduire des mécanismes explicatifs du fonctionnement de l'économie dans son ensemble.

Main invisible: principe présenté par Adam Smith (1776) pour expliquer l'ordre naturel et le libéralisme économique. Par le jeu de la concurrence sur les marchés, la prospérité générale est assurée, pour peu que chacun ne se préoccupe que de son propre intérêt. Tout se passerait comme si une main invisible transformait la somme des intérêts individuels en un intérêt général.

Marché: lieu de rencontre d'une offre et d'une demande, duquel émerge un prix pour le bien échangé. Le marché désigne aussi en économie l'économie de marché dans son ensemble en tant que système économique autorégulé et en tant qu'institution. Voir économie de marché.

Marché à terme: marché sur lequel les échangeurs s'entendent par avance pour la livraison future d'un bien, service ou titre à un prix fixé par avance. Voir contrat à terme. Se dit également d'un lieu où s'échangent les devises. Ce n'est pas un marché réellement localisé, c'est un réseau entre les cambistes des banques du monde entier.

Marché financier: marché de la monnaie et des capitaux à long terme

Marché monétaire: marché de l'argent à court terme où les intervenants formulent des demandes et des offres de liquidité pour de courtes périodes. Longtemps réservé en France aux seules institutions financières, il est ouvert aux autres agents depuis les années 80.

Microéconomie: branche de l'économie qui s'applique à expliquer, sur la base de l'hypothèse de rationalité, le comportement d'agents isolés et d'en déduire les conditions de l'équilibre général.

Modèle économique: représentation simplifiée de la réalité économique ayant pour but de mettre en relation les variables significatives pour la compréhension des mécanismes économiques.

Monnaie: la monnaie peut se définir par les fonctions qu'elle remplit. Elles sont au nombre de trois :
- unité de compte (numéraire)
- instrument des échanges
- réserve de valeur

Une bonne monnaie est celle qui remplit bien ces trois fonctions, les deux dernières étant les plus importantes.

Monnaie fiduciaire: billets de banque émis par la Banque Centrale.

Monnaie scripturale: ensemble des dépôts à vue dans les banques. Elle est créée et circule par des écritures, d'où le qualificatif de scripturale.

Monopole: structure de marché dans laquelle un seul offreur est confronté à un grand nombre de demandeurs.

Monopole bilatéral: structure de marché dans laquelle un seul offreur est confronté à un seul demandeur.

Monopsone: structure de marché où un seul demandeur est confronté à un grand nombre d'offreurs.

Multiplicateur keynésien: exprime la relation entre une variation de la dépense autonome (dépenses publiques, baisse d'impôts, exportations) et la variation du revenu (production) qu'elle entraîne. Supposons une dépense publique, une hausse du salaire des fonctionnaires, par exemple. Les fonctionnaires reçoivent un revenu supplémentaire. Ils en dépensent une partie (l'autre partie étant épargnée). Cette dépense est alors un revenu pour un autre agent dans l'économie qui a augmenté sa production. A son tour, cet agent consomme une partie de ce revenu vers un autre agent qui produit plus et dépense une partie de son revenu etc. Au final, il existe un effet multiplicateur de la dépense initiale qui a induit une production et des revenus supérieurs à sa valeur.

Multiplicateur monétaire: relation qui explique la création monétaire dans une économie de marchés financiers. La Banque Centrale décide du montant de la base monétaire et les banques de second rang offre la quantité de crédit qui correspond à cette base monétaire. Voir aussi diviseur monétaire.

Neutralité de la monnaie: hypothèse des théories classique et néoclassique selon laquelle la monnaie n'aurait pas, au moins à long terme, d'influence sur l'activité réelle. Toute augmentation de la masse monétaire en circulation ayant pour seule conséquence une hausse proportionnelle du niveau général des prix.

Nouvelle économie: concept décrivant une nouvelle forme de fonctionnement de l'économie de marché depuis le milieu des années 90, ou de manière plus restrictive, un ensemble d'activités aux caractéristiques de coûts communes, telles que l'informatique, les télécommunications etc. La nouvelle économie se caractérise par un ensemble de chocs technologiques (technologies de l'information et de la communication, biotechnologies), un environnement économique ouvert (globalisation, dérégulations des activités économiques, privatisations et dérégulation des services publics) et des conditions financières nouvelles (disparition de l'inflation, réduction des déficits publics, développement des marchés financiers - dérivés en particulier).

O-P

Offre: volume de biens ou de services proposé à la vente sur un marché.

Offre globale: au niveau macroéconomique, c'est l'agrégation de toutes les offres de biens des différents marchés, sans distinction sur la nature du produit. On parle aussi d'offre agrégée.

Oligopole: structure de marché caractérisée par un petit nombre d'offreurs (supérieur à un) confronté à un grand nombre de demandeurs.

Oligopole bilatéral: structure de marché dans lequel un petit nombre d'offreurs sont confrontés à un petit nombre de demandeurs.

Oligopsone: structure de marché dans laquelle un petit nombre de demandeurs sont confrontés à un grand nombre d'offreurs.

Open market: technique d'intervention de la Banque Centrale sur le marché monétaire qui consiste à fournir ou reprendre des liquidités à ce marché en achetant ou vendant des titres. En anglais, open market désigne également le marché monétaire lui-même.

Optimum: niveau jugé le meilleur dans une optique déterminée. Ou valeur d'une grandeur ou d'un ensemble de grandeurs parmi diverses autres et considérée comme la plus adaptée à la réalisation d'un ou plusieurs objectifs, compte tenu d'un ensemble de contraintes.

Optimum de Pareto: situation dans laquelle, on ne peut améliorer la situation d'un individu sans réduire la satisfaction d'au moins un autre individu.

Option: produit financier qui représente le droit d'opérer une transaction à une date ultérieure ou non, à des conditions données aujourd'hui. Exemple: une option (de change) d'achat dollars contre euros à 3 mois, à un taux de $1 contre €1, portant sur $500, donne le droit, dans 3 mois, d'acheter 500 dollars avec 500 euros dans 3 mois. Une option permet soit de se couvrir contre un risque, soit de spéculer.

Parité d'achat: hypothèse sur la détermination des taux de change à long terme, selon laquelle les taux de change entre monnaie doivent se déterminer de telle sorte que les monnaies aient le même pouvoir d'achat. Cela signifie que si une certaine quantité de francs permet d'acquérir un panier de biens donné, alors après sa conversion en dollars, cette

somme permettra d'acheter le même panier de biens aux Etats-Unis.

Parité des taux d'intérêt: hypothèse selon laquelle, en économie ouverte lorsque les capitaux sont parfaitement mobiles, la concurrence entre places financières conduit à une égalisation des taux d'intérêt dans tous les pays.

Passager clandestin: comportement d'un individu qui dissimulent ses préférences pour un bien public dans le but de profiter de sa production sans contribuer au financement de ce bien public.

Politique budgétaire: politique économique conduite au moyen du budget de l'Etat pris globalement, incluant l'action par les recettes et l'action par les dépenses publiques.

Politique commerciale: politique adoptée par une nation, dans le cadre du commerce extérieur et pouvant se traduire par la « libéralisation » des échanges, le contingentement, l'abaissement ou le relèvement des droits de douane, des subventions à l'exportation etc. Le but de ces politiques est de favoriser les exportations nationales.

Politique conjoncturelle: ensemble des actions délibérément adoptées en vue de la régulation de la conjoncture, que ce soit par l'intermédiaire de la politique budgétaire, de la politique monétaire, des revenus etc. On résume ses objectifs par la formule dite du « carré magique »: stabilité des prix, plein-emploi, expansion et équilibre extérieur.

Politique des revenus: ensemble d'orientations indicatives et concertées destinées à éviter des hausses de prix et de salaires trop importantes.

Politique économique: action consciente de la puissance publique se traduisant par la définition d'objectifs économiques et sociaux et la mise en oeuvre des moyens nécessaires pour les atteindre.

Politique monétaire: actions délibérées des autorités monétaires (Banque Centrale) sur la masse monétaire et les actifs financiers en vue de la régulation de l'économie à court et moyen terme. Actuellement, on reconnaît comme objectif principal de la politique monétaire la stabilité des prix.

Pouvoir d'achat: quantité de biens et de services qu'une somme d'argent permet d'acquérir. Le pouvoir d'achat décroît avec l'inflation.

Prix: rapport d'échange entre deux marchandises proposées à l'échange. Un prix est toujours quelque chose de relatif. Lorsqu'il s'agit de prix monétaires, la référence devient la monnaie. Mais on peut toujours l'exprimer dans un autre numéraire.

Prix d'équilibre: prix d'échange qui résulte de l'égalisation de l'offre et de la demande sur un marché.

Prix nominal, prix réel: un prix nominal est un prix exprimé simplement en unités monétaires. Un prix réel est un prix monétaire rapporté au niveau général des prix. Exemples: le salaire nominal se note W en économie, le salaire réel W/P où P est le niveau général des prix.

Productivité marginale: il s'agit de la production additionnelle que l'on obtient en utilisant un unité supplémentaire de facteur.

Productivité moyenne: rapport entre la production et les facteurs ou certains facteurs qui ont permis de l'obtenir.

Produit Intérieur Brut: mesure de la production de biens et services d'un pays avec comme critère retenu la production sur le territoire national quel que soit la nationalité des producteurs. Ce qui signifie qu'une filiale à l'étranger d'un groupe suisse ne contribue pas au PIB suisse, mais qu'une filiale d'un groupe étranger installée en Suisse y contribue. Il n'y a pas, à proprement parler d'indicateur idéal (PNB ou PIB), on utilise l'un ou l'autre selon le sujet qui nous intéresse.

Produit National Brut: mesure de la production de biens et services d'un pays avec comme critère la nationalité des producteurs. Ce qui signifie qu'une filiale à l'étranger d'un groupe suisse contribue au PNB suisse, mais qu'une filiale d'un groupe étranger installée en Suisse n'y contribue pas. Il n'y a pas, à proprement parler d'indicateur idéal (PNB ou PIB), on utilise l'un ou l'autre selon le sujet qui nous intéresse.

Produits dérivés: contrats financiers qui sont basés sur l'évolution du cours d'un actif sous-jacent sans qu'il n'y ait livraison de cet actif à l'échéance. Exemple: un contrat basé sur l'évolution d'un indice boursier.

Profit: définition courante: excédent des recettes d'une entreprise sur ses coûts de fonctionnement. Définition du profit dit pur en économie: revenu résiduel après que l'entreprise ait rémunéré ses facteurs de production (capital - i.e. actionnaires et prêteurs - et travail). Pour Joseph Schumpeter et Frank Knight, le profit pur serait la rémunération du risque non assurable que prend l'entrepreneur. Le profit est aussi la fonction que le producteur maximise dans la théorie néoclassique.

Progrès technique: processus général de développement et de perfectionnement des méthodes et des moyens de production destinés à une plus grande maîtrise de la nature par l'homme. On dit qu'il y a progrès technique entre t et t + 1 si, à partir d'autant de facteurs de production, on peut obtenir plus de produit. Ou, si on peut obtenir autant de produit à partir de moins de facteurs. Ce qui est équivalent. Les causes du progrès technique sont l'investissement immatériel (en Recherche -Développement par exemple, l'accumulation du capital humain, l'apprentissage par la pratique, la différenciation des biens de production (qui permet à chaque entreprise d'obtenir « la » machine la mieux adaptée à son activité) etc.

Protectionnisme: doctrine ou politique qui vise à protéger de la concurrence extérieure le marché intérieur d'un pays par différentes mesures (droits de douane, contingentement et obstacles non tarifaires variés)

Q-R-S

Quantitatif: qui concerne la quantité, en particulier, par opposition à qualitatif.

Rareté: caractéristique des biens économiques qui n'existent pas à l'état naturel en quantité illimitée. S'entend de manière plus claire lorsqu'on considère le caractère illimité des besoins humains.

Rationalité: en économie, la rationalité est considérée comme l'attitude des agents qui recherchent le maximum de satisfaction au moindre coût. Cette satisfaction étant soit traduite par une utilité (cas du consommateur néoclassique par exemple), soit par un revenu (cas du profit pour la firme néoclassique par exemple). Pour être quasiment neutre, le principe de rationalité ne doit pas être compris dans une logique où les résultats d'une action rationnelle serait forcément les meilleurs. Un agent peut être rationnel et atteindre une valeur de ses objectifs médiocres. Tout dépend des informations dont il dispose (comme dans la théorie des jeux où le comportement que vont adopter les autres compte au delà de son propre comportement) ou de ses capacités à prendre une décision.

Recette marginale: recette apportée par la dernière unité de produit vendue.

Relance: politique conjoncturelle destinée à donner une impulsion nouvelle à l'économie dans une phase de ralentissement, de récession ou de dépression.

Rendement: rapport entre la quantité de produits obtenus et une quantité donnée de facteurs de production, exprimés en unités physiques). Voir aussi productivité.

Rendements d'échelle: on dit que les rendements d'échelle d'une production sont

• croissants si lorsqu'on multiplie par un même nombre la quantité de tous les facteurs utilisés dans la production, la production est multipliée par un nombre supérieur à 1

- constants si lorsqu'on multiplie par un même nombre la quantité de tous les facteurs utilisés dans la production, la production est multipliée par ce nombre (homogène de degré 1)
- décroissants si lorsqu'on multiplie par un même nombre la quantité de tous les facteurs utilisés dans la production, la production est multipliée par un nombre inférieur.

Rente: surplus de revenu d'un facteur de production provoqué par l'inélasticité de l'offre par rapport à son prix (l'offre est constante), en raison de la non reproductibilité du facteur.

Revenu permanent: représente l'intérêt de la richesse d'un individu, la partie de cette richesse qui peut être consommée en conservant le patrimoine de l'agent identique. Pour Friedman, la consommation dépend du revenu permanent et non pas du revenu courant, comme c'est le cas chez John Maynard Keynes.

Récession: conjoncture caractérisée par une baisse du taux de croissance de l'activité économique, ce taux restant cependant positif.

Réévaluation: contraire de dévaluation.

Réserves de change: liquidités internationales détenues par les Banques Centrales qui leur permettent d'intervenir sur le marché des changes et de financer les échanges internationaux.

Réserves obligatoires: volume des liquidités que les entreprise (les banques en particuliers) sont contraintes de mettre en dépôt.

Rigidité: absence de réaction d'une variable au changement d'une autre variable qui est généralement considérée comme déterminante.

Risque: situation dans laquelle les agents connaissent les évènements possibles futurs et les probabilités d'occurence de ces évènements possibles. Exemple: lorsqu'on tire au dés, on sait que l'on peut avoir 1, 2, 3, 4, 5 ou 6, avec pour chacun la probabilité 1 / 6.

Say (loi de): énonce que toute offre crée automatiquement sa propre demande par les revenus qu'elle crée dans l'économie.

Slumpflation: stagflation en anglais.

Spéculation: achat (ou vente) de marchandises en vue d'une revente (ou d'un rachat) à une date ultérieure, là où le mobile d'une telle action est l'anticipation d'un changement des prix en vigueur, et non un avantage résultant de leur emploi, ou une transformation ou un transfert d'un marché à un autre.

Stagflation: conjoncture économique caractérisée par une faible croissance et une inflation importante.

Stop and go: politiques économiques suivies dans l'après-guerre jusqu'aux années 70 qui consistaient à alterner des phases de relance de l'activité auxquelles succédaient ensuite une politique de rigueur pour contenir les poussées inflationnistes. Elles s'appuyaient, en particulier sur l'arbitrage inflation-chômage de la courbe de Phillips.

Surplus: avantage obtenu par un consommateur ou un producteur du fait d'un prix inférieur (consommateur) ou supérieur (producteur) à ce qu'il était disposé à payer (consommateur) ou à accepter (producteur) pour un produit. La somme des surplus individuels est appelé surplus collectif et est une mesure du bien-être de la collectivité.

T-U-V

<u>Taux de change</u>: valeur d'une monnaie nationale exprimée dans une autre monnaie.

<u>Taux de chômage</u>: voir chômage naturel

<u>Théorie des jeux</u>: branche de l'économie qui étudie les situations où des agents rationnels prennent des décisions stratégiques, c'est à dire en fonction du comportement supposé ou effectif d'un nombre limité d'autres agents.

<u>Thésaurisation</u>: détention non productive de richesses sous forme monétaire.

<u>Titre</u>: document représentant un droit de propriété ou une créance.

<u>Trappe à la liquidité</u>: expression utilisée pour désigner une situation où la demande de monnaie est parfaitement élastique au taux d'intérêt qui est alors à son niveau plancher.

<u>Union monétaire</u>: ensemble de régions ou de pays ayant une monnaie commune.

<u>Utilité</u>: reflet de l'importance qu'un individu attache à un bien, compte tenu de son aptitude à satisfaire un besoin économique. L'utilité en économie est un concept important qui permet, entre autres, de déterminer les fonctions de demande des consommateurs.

<u>Utilité collective</u> (fonction d'): représentant l'utilité d'une somme d'individus comme un seul. Son intérêt est de permettre à un décideur public de baser ses actions sur la maximisation de cette fonction. La construction d'une telle fonction est problématique lorsque les individus qui constituent la communauté ont des préférences distinctes, car il faut alors déterminer quelle sera la pondération des préférences individuelles dans la fonction collective. Exemple de fonction d'utilité collective: soit une communauté de 3 individus aux préférences représentées par des fonctions d'utilité différentes, U, V et X. Une fonction d'utilité collective (arbitraire) peut s'écrire sous la forme: $W = 0,3\,U + 0,5\,V + 0,2\,X$

<u>Variable</u>: grandeur susceptible de prendre différentes valeurs.

<u>Vitesse de circulation</u>: mesure le flux de transactions qu'une masse monétaire donnée permet de financer au cours d'une période donnée.

W-X-Y-Z

<u>Welfare Economics</u>: économie du bien-être en anglais.

<u>Zone monétaire</u>: ensemble géographique qui respecte les règles suivantes :
- parité fixe entre monnaies des zones de l'ensemble ;
- convertibilité des monnaies ;
- harmonisation des réglementations de change.

En général, ce regroupement se fait autour d'un pays et de sa monnaie jugée comme référence en termes de stabilité. Il existe des zones monétaires officielles (zone euro, zone sterling) et d'autres informelles car non délimitées géographiquement (zone dollar).

BIBLIOGRAPHIE

160

TABLE DES MATIÈRES

Karl Marx (1818-1883)

124. Les courants modernes

2. MACROÉCONOMIE

21. LES SYSTÈMES ÉCONOMIQUES

211. Économie de marché

212. Économie planifiée

213. Développement des régions pauvres: nouveau paradigme?

22. MONNAIE ET POLITIQUES ÉCONOMIQUES

221. Histoire et fonctions de la monnaie

222. Politiques économiques

223. Rôle de la banque nationale (BNS)

3. MICROÉCONOMIE

31. L'OFFRE ET LA DEMANDE

311. Ajustement des prix

312. L'offre et la demande

313. Fonctionnement des marchés

314. Déséquilibres économiques

32. FISCALITÉ

4.   COMMERCE ET GLOBALISATION

41. CARACTÉRISTIQUES